Die Autorin

Cheryl Richardson ist eine erfolgreiche Autorin, deren Bücher zum Thema Selbsthilfe mehrfach ausgezeichnet wurden. Oft stehen Louise Hay, die Grande Dame der Lebenshilfe, und Cheryl Richardson gemeinsam auf der Bühne und bieten spirituelles Entertainment vom Feinsten. Beide ermuntern jeden im Publikum auf sehr kurzweilige und vielfältige Weise dazu, sich selbst anzunehmen und zu lieben.

Von Cheryl Richardson sind in unserem Hause erschienen:

Ist das Leben nicht wunderbar! (mit Louise Hay)

Das Orakel der Inspiration (Kartendeck)

CHERYL RICHARDSON

Sei dir wichtig!

Extreme Self-Care

Aus dem Amerikanischen
von Marita Böhm

Ullstein

Besuchen Sie uns im Internet:
www.ullstein-taschenbuch.de
www.facebook.com/allegriaverlag

Allegria im Ullstein Taschenbuch

Ullstein Taschenbuch ist ein Verlag der
Ullstein Buchverlage GmbH, Berlin.
Neuausgabe im Ullstein Taschenbuch
1. Auflage März 2015
© der deutschsprachigen Ausgabe 2013 by
Ullstein Buchverlage GmbH, Berlin
© der amerikanischen Originalausgabe
THE ART OF EXTREME SELF CARE
2009 by Cheryl Richardson
Umschlaggestaltung und Illustration:
X-Design, Manuela Hutschenreiter, München
Satz: Keller & Keller GbR
Gesetzt aus der Bembo
Druck und Bindearbeiten:
GGP Media GmbH, Pößneck
Printed in Germany
ISBN 978-3-548-74626-5

INHALT

EINFÜHRUNG

Im Jahr 1994 beschloss ich, meinen ersten persönlichen Coach zu engagieren. Ich dachte mir, dass diese Entscheidung dazu führen würde, selbst ein besserer Coach zu werden, aber es sollte sich herausstellen, dass sie viel mehr bewirkte. Sie bescherte mir ein besseres Leben. Der Name dieses Mannes ist Thomas Leonard, Gründer der Coach University und führender Pionier auf dem Gebiet des professionellen Coaching, und unsere erste Sitzung werde ich nie vergessen.

Bei unserem Erstgespräch bat Thomas mich, etwas über mein Leben zu erzählen. Er wollte eine bessere Vorstellung davon bekommen, wer ich war und wie ich lebte. In den nächsten 20 Minuten berichtete ich von all den Dingen, die meine Zeit beanspruchten:

* Abends und am Wochenende war ich als Beraterin für Geschäftsentwicklung tätig.

* Für ein Beratungsunternehmen hielt ich Berufsplanungsseminare.

* Ich arbeitete ehrenamtlich für eine lokale Jobvermittlung und bot Workshops zu Bewerbungs- und Networkingkompetenzen an.

* Ich unterstützte Freunde, die herumkrebsten und ein selbstloses, mitfühlendes Ohr brauchten.

Als ich mich über meine ganzen Aktivitäten reden hörte, fühlte ich mich zugegebenermaßen ziemlich gut. Sie gaben mir ein gewisses Maß an Befriedigung, die davon herrührte, gebraucht und gefragt zu sein. Als ich fertig war, schwieg Thomas einen

Augenblick, und dann meinte er mit einer leichten Schärfe in der Stimme: »Wow, Sie leisten wirklich hervorragende Arbeit und kümmern sich um so viele Leute. Sie sind so ein guter Mensch.«

Ich lächelte vor mich hin und dachte: *Hm, er versteht mich.* Aber was er als Nächstes sagte, haute mich einfach um: »Und die Wahrheit ist, Cheryl, Ihre Rolle als ›nettes Mädchen‹ bringt Sie um Ihr Leben.«

Ich saß eine Zeit lang, die mir sehr lang vorkam, einfach nur still da. Mein Augenblick des Triumphes verschwand genauso schnell, wie er gekommen war, stattdessen standen mir die Tränen in den Augen, hatte Thomas' Äußerung doch den Nagel auf den Kopf getroffen. Ich *war* ein nettes Mädchen. Ich war so sehr daran gewöhnt, diese Rolle zu spielen, dass sie zu einer normalen Lebensweise geworden war. Sie war außerdem meine Identität geworden, und durch sie definierte ich meinen Selbstwert. Jetzt, viele Jahre und viele Klienten später, weiß ich, dass es nicht nur mir so ging. So viele von uns, vor allem Frauen, haben diese »edle« Rolle angenommen. Allerdings erkennen wir nicht – beziehungsweise erst, wenn es zu spät ist –, dass wir für diese »Großzügigkeit« einen hohen Preis bezahlen … einen Preis, der uns direkt aus den Knochen gezogen wird.

Obwohl ich damals glaubte, mich dabei wohlzufühlen, anderen beizustehen und mich um sie zu kümmern, verrieten meine Klagen in dem Gespräch mit Thomas darüber, was in meinem Leben schieflief, etwas ganz anderes. Ich musste mir eingestehen, dass ich überhaupt keine Zeit für mich hatte. Es verbitterte mich, anderen zu Erfolgen zu verhelfen, während ich selbst nie zu den Dingen kam, die ich gern tun wollte. Ich musste der Tatsache ins Auge blicken, dass zu viele meiner Beziehungen Einbahnstraßen waren. Einige meiner Freunde waren hochgradig bedürftig, trotzdem blieben sie in meinem Leben, weil sie mir das Gefühl von Sicherheit, Kontrolle und Wichtigkeit gaben. Ja, Thomas hatte recht: Ich war ein nettes Mädchen, und das saugte das Leben aus mir heraus.

◌◌ ◌◌ ◌◌

Während unserer Coaching-Arbeit machte mich Thomas mit dem Prinzip der Extreme Self-Care – im Deutschen »Extreme Selbstfürsorge« – bekannt. Das Wort *extreme* faszinierte mich und fand meine Beachtung. Ich weiß noch, dass mich diese Vorstellung begeisterte, aber gleichzeitig auch ein wenig nervös machte. Aus Thomas' Sicht bedeutete Extreme Self-Care, dass ich meine Fürsorge auf eine völlig neue Ebene führte – eine Ebene, die mir arrogant und egoistisch erschien, eine Praxis, umgesetzt von Menschen mit einem unangemessenen Anspruchsdenken. Sie bedeutete, radikale Maßnahmen zu ergreifen, um mein Leben zu verbessern, *und* täglichen Gewohnheiten nachzugehen, die es mir ermöglichten, diesen neuen Lebensstandard aufrechtzuerhalten. Beispielsweise genügte es nicht, mal ein Wochenende lang anderen nicht zu helfen, sodass ich eine kleine Auszeit genießen konnte. Thomas wollte, dass ich *jeden Tag* Zeit für mich einplante (in meinem Kalender, mit Tinte!), und zwar sechs Monate lang.

Zur Extreme Self-Care gehörte auch, dass ich mich mit Menschen umgab, die klug, selbstbewusst und nur an Zweiwegbeziehungen interessiert waren. Es bedeutete, kühne Schritte zu unternehmen, beispielsweise jegliches Chaos für immer aus meinem Leben zu beseitigen, eine seelenstärkende Arbeits- und Wohnumgebung zu schaffen und diese beizubehalten, finanziell ins Reine zu kommen, sodass ich immer Optionen im Hinblick auf meine Lebensführung hatte, und keine Zusagen aus einem Schuldgefühl oder einer Verpflichtung heraus zu geben.

Darüber hinaus erklärte Thomas, dass es entscheidend für Extreme Self-Care sei, dem Genuss Priorität einzuräumen – echtem Genuss, nicht bloß eine Massage alle paar Monate, ein gelegentliches Bad oder ein Jahresurlaub. Es bedeutete, mitten am Tag die Arbeit ruhen zu lassen, um in die Natur zu gehen, mich mit einer großartigen Massage einmal die Woche verwöhnen zu lassen und tägliche Gewohnheiten zu entwickeln, die mich glücklich und gestärkt fühlen ließen, etwa Musik zu hören, die ich mochte, meinen Lieblingstee zu trinken oder frische Blumen für mein Büro zu bestellen.

Anfangs hegte ich großen Widerstand gegen das Konzept der Extreme Self-Care. Eine Massage pro Woche? Wie sollte ich mir das leisten können, wenn ich doch auch noch meine Miete zahlen musste? Mir jeden Tag Zeit für mich nehmen? Ich hatte kaum Zeit, um aufs Klo zu gehen, ganz zu schweigen für einen Spaziergang um die Mittagszeit. Die Anregungen meines Coachs schienen idealistisch, ja sie grenzten ans Absurde. Aber, wie ich schon bald entdecken sollte, *beginnt ein großartiges Leben mit einem offenen Geist*. Bis auf den heutigen Tag bin ich dankbar, dass Thomas Leonard eine höhere Vision meines Lebens hatte, als ich es für mich selbst vorzustellen vermochte.

Während ich langsam begann, Extreme Self-Care in mein Leben einzubauen, wurde es offensichtlich, dass innere Veränderungen erforderlich waren, um diese Verhaltensweisen beizubehalten. So musste ich aufhören, die Märtyrerin zu spielen, und mich auf die Befriedigung meiner Bedürfnisse konzentrieren. Ich musste aufhören, von anderen zu erwarten, meine

Gedanken zu lesen, und anfangen, meine Wünsche direkt zu äußern. Ich stand vor der Herausforderung, zu versuchen, um Hilfe zu bitten, lange bevor ich sie benötigte. Statt herumzumeckern und darüber zu jammern, dass andere mich im Stich ließen, sollte ich meine Enttäuschung als einen Hinweis verstehen, etwas dagegen zu unternehmen. Und ich musste anfangen, Leute zu bitten, die Last mit mir zu teilen, statt mich wie eine Heldin aufzuführen, indem ich alles allein zu bewerkstelligen versuchte. Schließlich musste ich aufhören, wie eine Maschine automatisch Ja zu sagen, wenn Leute mich um einen Gefallen baten, und stattdessen lernen, mit fester Überzeugung und innerer Ruhe und Gelassenheit Nein zu sagen.

Im Laufe dieses Coachings mit Thomas stellte ich fest, dass es gar nicht so leicht war, diese Veränderungen vorzunehmen. Zurückblickend ist mir klar, dass ich ein Vermächtnis der Selbstaufopferung und des übermäßigen Gebens infrage stellte, das von Generationen von Frauen in meiner Familie an mich weitergegeben wurde – dasselbe Vermächtnis, das so viele Frauen auch heute noch durcheinanderbringt. Zu viele von uns sind nach wie vor das brave Mädchen, und es ist schwer, sich von dieser hartnäckigen Gewohnheit zu lösen. Wenn ich mich gestresst fühle oder unter Druck, ertappe ich mich immer noch dabei. Plötzlich reiße ich mir ein Bein aus, um es einem Angestellten zu erleichtern, seinen Job zu erledigen (das nenne ich »Leute einstellen, um für sie zu arbeiten«). Oder ich lege zu viele Termine auf einen Tag, um den Bedürfnissen einer anderen Person entgegenzukommen (das nenne ich »Irresein«). Bei denjenigen von uns, die sich so verhalten – und dies schließt sowohl Männer als auch Frauen ein –, handelt es sich oft um eine automatische Reaktion, als würden wir wie auf Knopfdruck reflexartig zu diesen Verhaltensweisen zurückkehren.

Die Belohnungen der Extreme Self-Care

Ein guter Coach konzentriert sich auf die Ursache eines Problems statt auf die Symptome. Während meiner Arbeit mit Thomas war ich gezwungen, mir die Wahrheit darüber anzuschauen, warum ich nach wie vor übermäßig gab, gewöhnlich auf meine Kosten. Ich wollte, dass die Leute mich mochten, gern Zeit mit mir verbrachten und mich als weise und hilfreich betrachteten. Und ich wollte der Angst ausweichen, die mich immer überkam, wenn jemand mein Tun missbilligte. Komischerweise habe ich nach jahrelangem Praktizieren von Extreme Self-Care etwas Paradoxes erkannt: Wenn man ein authentisches, bedeutsames Leben führen will, muss man die Kunst beherrschen, andere zu enttäuschen und zu verärgern, Gefühle zu verletzen und mit der Tatsache zu leben, dass manche Personen einen einfach nicht mögen. Es ist vielleicht nicht einfach, aber unbedingt notwendig, wenn Sie wollen, dass Ihr Leben Ihre tiefsten Wünsche, Werte und Bedürfnisse widerspiegelt.

Während im Laufe der Zeit mein Leben sich immer stärker nach den Prinzipien der Extreme Self-Care orientierte, machte sich dies auch positiv in meiner Arbeit bemerkbar. Als Coach gab ich weiter, was Thomas mich gelehrt hatte: Ich forderte meine Klienten auf, nicht weniger als die höchstmöglichen Maßstäbe zu akzeptieren – egal ob es dabei um ihre Arbeit, ihre Beziehungen, ihre Gesundheit oder einfach ihr allgemeines Wohlbefinden ging. Wenn sie mitmachten, veränderte sich ihr Leben auf dramatische Weise – es war, als ob sie sich stärker mit einer göttlichen Energie oder Kraft in Einklang gebracht hätten, die Türen öffnete, um ihr höchstes Wohl zu fördern. Aber auch wenn die Vorstellung faszinierend war und es Spaß machte, sie zu berücksichtigen, war es nicht immer einfach, die

Leute mit ins Boot zu holen. So sehr wir Amerikaner auch als allzu nachsichtige Gesellschaft dargestellt werden, ist es in Wirklichkeit so, dass wir, wenn wir beschließen, besser für uns selbst zu sorgen – aufmerksamer, proaktiver und seelennährend –, gezwungen sind, uns mit der kulturellen Sichtweise, dass nämlich *egoistisch* ein unanständiges Wort ist, auseinanderzusetzen.

Die Auffassung, dass man dem fürsorglichen Umgang mit sich selbst Priorität einräumen sollte, ist auch heute noch umstritten. Im Laufe der Jahre musste ich dieses Konzept sowohl gegen die Medien als auch gegen Klienten, Zuhörer und Zuschauer verteidigen. Inzwischen begrüße ich die Gelegenheit, und zwar aus folgendem Grund: Die Praxis der Extreme Self-Care zwingt uns dazu, Entscheidungen zu treffen, die das wahre Wesen unserer Seele würdigen und widerspiegeln. Das ganze Konzept mag zwar egoistisch oder egozentrisch erscheinen, aber im Grunde ermöglicht es uns, unseren größten Beitrag für die Welt zu leisten. Die Entscheidung, ein Leben zu führen, das den Grundsätzen der Extreme Self-Care entspricht, ist von entscheidender Bedeutung, wenn wir etwas in der Welt bewirken wollen … und dies trifft auf die meisten Leute zu, die ich kenne.

Aus jahrelanger persönlicher Erfahrung sowie durch meine Arbeit, in der ich viele liebevolle und tüchtige Männer und Frauen gecoacht habe, habe ich gelernt, dass wir, sobald wir in hohem Maße und bewusst für uns selbst sorgen, instinktiv anfangen, auf eine gesündere und effektivere Weise für andere – unsere Familien, unsere Freunde und die Welt – zu sorgen. Wir werden bewusste *und* gewissenhafte Menschen. Wir sprechen unsere Wahrheit aus. Wir treffen Entscheidungen von einem Ort der Liebe und des Mitgefühls und nicht von einem Ort des Schuldgefühls und der Verpflichtung. Und wir fangen an zu verstehen – auf einer instinktiven und intuitiven Ebene –, dass wir alle miteinander verbunden sind und dass unser individuelles Handeln das größere Ganze stärker beeinflusst, als wir es uns jemals vorgestellt haben. Bei einem Geschäftsführer beispielsweise, der nie einen Gedanken an Recycling verloren hatte, führte sein Verständnis der Extreme Self-Care nicht nur dazu, besser für sich selbst und seine Familie zu sorgen, sondern auch, ein Recyclingprogramm am Arbeitsplatz einzuführen. Oder eine Mutter, die lernt, ihren eigenen Bedürfnissen Priorität einzuräumen (statt immer erst ihre Kinder zu bedienen), entwickelt ein Konzept, um anderen Müttern zu helfen, selbstbewusstere und unabhängigere Kinder aufzuziehen.

Ein Leben der Extreme Self-Care zu führen bedeutet, in einer Umgebung zu leben und zu arbeiten, die die Seele nährt, eine höhere Wertschätzung für die Natur und eine größere Verbundenheit mit ihr zu entwickeln, eine Arbeit zu verrichten, die Ihnen die Gelegenheit bietet, Ihre größten Begabungen und Talente zum Ausdruck zu bringen, und für Ihre emotionale, körperliche und spirituelle Gesundheit auf eine Weise zu sorgen, die mit dem, wer Sie sind und was Sie am meisten benötigen, in Einklang steht. Wenn Sie sich erlauben, das zu wollen und es dann zu haben, können Sie gar nicht anders, als es sich auch für andere zu wünschen.

Die Kunst der Extreme Self-Care erfordert Geduld, Hingabe und Übung. Zunächst setzt sie auch die Bereitschaft voraus, sich mit einigen recht unangenehmen Gefühlen auseinanderzusetzen, wie etwa Schuldgefühlen – weil Sie Ihre Bedürfnisse an die erste Stelle setzen; Angst – davor, von anderen verurteilt und kritisiert zu werden, oder Unbehagen – davor, lang gehegte Überzeugungen und Verhaltensweisen anzugehen. Es ist ein organischer, evolutionärer Prozess, eine Kunst im Gegensatz zu einer Wissenschaft. Im Laufe der Zeit werden Sie zwar Fortschritte machen und sich mit dem Prozess wohler fühlen, aber Sie werden auch Rückschritte erleben. Ich kenne diesen Tanz recht gut. Es gibt Tage, an denen ich meine Verfügbarkeit strikt einschränke, damit ich mich nicht mit Arbeit überlastet fühle, und an anderen Tagen wiederum mache ich mich selbst fertig und frage mich, warum zum Teufel ich um neun Uhr abends noch immer im Büro hocke. Der Unterschied zu heute ist, dass ich mir dessen viel bewusster geworden bin, wie es sich anfühlt, wenn ich in Schwierigkeiten gerate, und weiß, was zu tun ist, um wieder auf Kurs zu kommen.

In den vergangenen 15 Jahren ist das reiche und fruchtbare Leben, das ich erfahre, unmittelbar auf die Praxis der Extreme Self-Care zurückzuführen. Weil ich weiß, dass es keine raschen Lösungen gibt – und es geht hier darum, eine Lebensweise infrage zu stellen, und nicht, ein Zimmer umzugestalten –, habe ich dieses Buch so konzipiert, dass *Sie* jeden Monat kleine Schritte unternehmen können. Jedes der zwölf Kapitel bietet Ihnen eine andere Möglichkeit dazu an und endet mit einer »Extreme-Self-Care-Herausforderung«, die Anleitungen und Anregungen bereitstellt, um auf Kurs zu kommen und zu bleiben. Darüber hinaus habe ich einige meiner Lieblingsinformationsquellen[1] aufgelistet, die Ihnen zusätzliche Mittel und Methoden bieten, um Ihre individuellen Self-Care-Ziele zu verfolgen und beizubehalten.

---

[1] Anmerkung des Herausgebers: Alle kursiv gesetzten Titel in den Abschnitten »Weiterführende Informationen« beziehen sich auf Bücher, soweit nicht anders angegeben.

Rüsten Sie sich für das Gelingen

Falls Sie gern zur Rechenschaft gezogen werden, wenn Sie Veränderungen vorzunehmen versuchen, dann rüsten Sie sich für das Gelingen, indem Sie einen guten Freund, eine gute Freundin oder, besser noch, eine *Gruppe* Gleichgesinnter dafür gewinnen, Sie auf Ihrer Reise zu begleiten. Wenn Ihnen niemand einfällt oder wenn Ihnen die Vorstellung, eine Gruppe zusammenzubringen, Unbehagen bereitet, machen Sie sich keine Sorgen. Besuchen Sie einfach die Website **www.cherylrichardson.com** und nehmen Sie den Bereich »Life Makeover Group« (dt. etwa »Lebensveränderungsgruppe«) unter die Lupe. Diese wunderbare Onlinecommunity, der Tausende von Menschen aus aller Welt angehören und die sich seit vielen Jahren gegenseitig unterstützt, bietet kostenfreie Informationen und Hilfsmittel, die Ihnen dabei helfen, Kontakte in Ihrer Region herzustellen.

Wenn Sie einer Life Makeover Group beitreten, werden Sie schnell feststellen, dass Sie Extreme Self-Care gemeinsam mit vielen liebevollen und hilfsbereiten Menschen praktizieren, die engagiert an der Veränderung ihres Lebens arbeiten. Auf der Website finden Sie auch Anleitungen, die Sie befähigen, selbst eine erfolgreiche Gruppe zu gründen und zu leiten.

Wenn Sie diese lebensverändernde Reise antreten, bedenken Sie, welche Veränderungen Ihnen zum jetzigen Zeitpunkt Ihres Lebens am meisten nützen würden. Um sich eine klarere Perspektive zu verschaffen, empfehle ich Ihnen, das ganze Buch erst einmal durchzulesen. Wenn Sie sich nach der Lektüre nicht sicher sind, mit welchem Kapitel Sie anfangen sollen, wählen Sie dasjenige mit dem Thema aus, das Sie am ehesten umgehen würden, und nehmen Sie es in Angriff. Machen Sie

Extreme Self-Care zu einem beständigen Teil Ihres täglichen Lebens. Und vergessen Sie nicht: Sie wird nicht nur das größte Geschenk sein, das Sie sich selbst machen, sondern auch das größte Geschenk, das Sie anderen machen.

Okay, sind Sie bereit, Ihr Leben zu verändern? Auf dramatische Weise und für immer? Dann lassen Sie uns anfangen! Viel Glück, und ich hoffe, Sie genießen die Reise …

Weiterführende Informationen

❋ Coach University (**www.coachu.com**) – für Informationen darüber, wie man einen Coach findet und selbst einer wird, einschließlich Coachtraining.

❋ CoachVille (**www.coachville.com**) – eine an Coachs ausgerichtete Website, die Inhalte, eine Community und ein Curriculum für Coachs jeder Couleur bietet. Es gibt jede Menge großartiger Informationen von Thomas Leonard, die er vor seinem Tod im Jahre 2003 verfasste.

❋ Die International Coach Federation (**www.coachfederation.org**) – die größte unabhängige Berufsvereinigung für Coachs weltweit; sie bietet außerdem einen Coachvermittlungsservice.

❋ Meine eigene Website (**www.cherylrichardson.com**) – für Informationen, um eine Life Makeover Group in Ihrer Region zu finden oder zu starten, sowie Hilfsmittel dazu, wie man ein Gruppenmeeting erfolgreich durchführt.

❋ Meine wöchentliche Internetradioshow »Coach on Call« (auf **HayHouseRadio.com**) – wenn Sie gern von mir direkt Live-Coaching erhalten möchten.

DAS
VERMÄCHTNIS DES MANGELS
BEENDEN

Jedes Buch, das ich schreibe, stellt mich vor eine Herausforderung und eine unerwartete Gelegenheit, das zu praktizieren, was ich lehre. Inzwischen habe ich gelernt, dass ich immer mit irgendeinem Ereignis rechnen sollte, das mich dazu zwingt, mich mit dem Thema des jeweiligen Kapitels intensiv auseinanderzusetzen. Was Sie jetzt lesen, ist keine Ausnahme.

Kaum hatte ich meinen Vertrag zum Buch über Extreme Self-Care unterschrieben, wurde mein Mann sehr krank. Während einer Operation, bei der ihm ein kleiner Knoten vom Ohr entfernt wurde, hatte sich eine Komplikation ergeben, die seine Gesundheit mehr als zwei Jahre lang stark beeinträchtigte. Das Timing war alles andere als gut. Es war ja nicht nur so, dass ich ein Unternehmen führte, eine wöchentliche Radioshow moderierte, zu Vorträgen herumreiste und ein Buch schrieb, sondern wir standen auch noch kurz davor, endlich unser Traumhaus fertigzustellen – ein aufreibendes Projekt, an dem Michael fast drei Jahre lang gearbeitet hatte.

Als Michael klar wurde, dass er nicht mehr in dem Maße in der Lage war, das Projekt zu überwachen und Energie darin zu investieren (er traf wichtige Entscheidungen über die Bauweise des Hauses), wurde ich mit der Tatsache konfrontiert, einige seiner Aufgaben zwischen Arzt- und Apothekenbesuchen zu übernehmen und ihm die emotionale Unterstützung zukommen zu lassen, die er brauchte, um diese überaus schwierige Zeit durchzustehen.

Wenn wir von einer unvorhergesehenen Lebensherausforderung heimgesucht werden, verfallen die meisten von uns in die alten Bewältigungsstrategien zurück, die uns in der Kindheit geschützt haben. Vielleicht haben Sie beispielsweise als Kind Zuflucht in Ihrem Zimmer gesucht, um dem Umgang mit ständig streitenden Eltern auszuweichen. Wenn Sie dann als Erwachsener mit einer chaotischen Situation konfrontiert werden, etwa arbeitslos werden oder mit Problemen in Ihrer Ehe fertigwerden müssen, sondern Sie sich von anderen ab, um so dem Stress zu entkommen. Sie bitten nicht um Hilfe. Sie versuchen nicht, emotionale Unterstützung zu erhalten. Und Sie gestehen sich selbst oder anderen nicht ein, wie Sie sich wirklich fühlen. Stattdessen leiden Sie im Stillen.

Auch wenn ich viel darüber weiß, wie man gut für sich selbst sorgt, verhalte ich mich nicht anders. Einige Wochen nach Michaels Operation fand ich mich im »Hilfemodus« wieder, als ich versuchte, seinen Bedürfnissen und den Anforderungen, die sich aus dem Bau unseres neuen Hauses ergaben, gerecht zu werden, mein Unternehmen zu führen und dieses Buch zu schreiben. Um den Überblick nicht zu verlieren, erstellte ich lange To-do-Listen. In einem Zustand ständigen Multitaskings huschte ich von einer Aufgabe zur nächsten, wurde oft mitten in der Nacht mit einem beklemmenden Gefühl wach und grübelte über all die Dinge nach, die noch erledigt werden mussten. Als mein Stresslevel anstieg, fing ich an, Essen in mich hineinzustopfen, um meine Gefühle des Grolls und der Frustration abzudämpfen – eine weit verbreitete Reaktion bei Betreuungspersonen, die immer in Bereitschaft für Bedürftige sind. Ich kam mir vor wie ein Dampfkochtopf kurz vor dem Dampfablassen und infolgedessen verhielt ich mich so, wie ich es in Belastungssituationen normalerweise tue: Ich stand es klaglos durch, setzte mich auf den Hosenboden, ignorierte meine Bedürfnisse und versuchte, alles selbst zu erledigen. Die meisten Tage fühlte ich mich allein und hatte Angst, aber darüber sprach ich mit niemandem. Ich kämpfte mich einfach weiter durch. Schon bald stellte ich fest, dass es mir schwerfiel, mich über Wasser zu halten, kaum imstande, Wasser zu treten. Was war mit meiner Extreme Self-Care passiert?

Tagein, tagaus lebte ich in dieser Situation, die nicht einer gewissen Ironie entbehrte. Während ich über Extreme Self-Care schrieb, las sich mein Leben wie eine Anzeige für das genaue Gegenteil – extremer Verfall! Zu sagen, dass ich auf dem Zahnfleisch kroch, wäre eine Untertreibung. Mein Tank war nicht leer, er war verschollen.

Als ich schließlich gezwungen war, mir einzugestehen, dass ich kein Land mehr sehen konnte, suchte ich Beratung bei einem Profi. Sie erwies sich als ein Geschenk des Himmels – die richtige Person zur rechten Zeit. Eines Tages während einer Sitzung traf sie mit einer Bemerkung einen Nerv. Nachdem sie sich meine Klagen über meine Erschöpfung angehört hatte, meinte sie: »Ich habe den Eindruck, dass Sie, wenn Sie sich überfordert fühlen, Cheryl, das Gegenteil von dem tun, was ein Mensch eigentlich tun sollte. Statt klar Schiff zum Gefecht zu machen, um Hilfe zu bitten und sich selbst Raum zum Atmen zu geben, verfallen Sie in ein Muster der Selbstvernachlässigung. Statt sich zu fragen, was Sie brauchen, wechseln Sie in den Schnellgang und stürzen sich in die Bedürfnisse anderer. Ich würde sagen, es ist an der Zeit, diesem Vermächtnis des Mangels ein Ende zu machen, oder?«

Mangel. Hm. Das war ein Gedanke, den ich noch nicht in Betracht gezogen hatte. *Mangel. Entbehrung. Mangeln. Entbehren.* Ich saß eine Weile da und wälzte Varianten dieses Wortes im Kopf herum. Jawohl, das ist es, entschied ich schließlich. *Ich empfinde einen Mangel.* Obwohl ich als Expertin auf dem Gebiet der Self-Care galt, war ich, mit einer Krise konfrontiert, in meine alten Bewältigungsmuster zurückverfallen. Ich machte einen Alleinflug, stieß oft auf Turbulenzen, steuerte aber stets in Richtung auf vertrautes Territorium: einen Ort, an dem ich mich automatisch auf die Bedürfnisse anderer konzentrierte, es vermied, über mich zu reden, und als Erste zur Stelle war, wenn jemand Ermunterung und Auftrieb brauchte. Aber jetzt war ich müde – regelrecht erschöpft – und hatte es satt, die Märtyrerin zu spielen. Es war Zeit, etwas dagegen zu unternehmen.

Als ich später an diesem Tag nach Hause kam, setzte ich mich auf mein Bett, holte mein Tagebuch hervor und schrieb das Folgende hinein:

Ich empfinde Mangel an:

❀ Schlaf

❀ emotionaler Unterstützung

❀ Zeit für mich

❀ körperlicher Energie

❀ Gesellschaft – ich vermisse Michael, meinen Partner und besten Freund

❀ Frieden – ich mache mir die ganze Zeit über nur Sorgen

❀ Hoffnung – ich habe Angst, dass sich nichts bessern wird

❀ Berührung – ich vermisse die Zuneigung und Vertrautheit, die ich normalerweise mit Michael habe

Als ich mir die Liste anschaute, dachte ich: *Kein Wunder, dass ich mich die ganze Zeit so leer und verbittert fühle. Ich bin wieder das gute Mädchen, das sich zu viel vornimmt und sich hinterher beklagt.* Ja, ich billigte mir zwar mildernde Umstände zu angesichts der

Tatsache, mich um einen kranken geliebten Menschen zu kümmern, aber das war doch eigentlich erst recht ein Grund, gut für mich selbst zu sorgen, oder?

Glücklicherweise hatte ich genügend Erfahrungen gesammelt, um zu wissen, was zu tun war. *Erkenntnis, Einsicht ist ein gewaltiger Katalysator für positive Veränderungen*, und als ich anfing, mir darüber klar zu werden, wie stark ich diesen Mangel empfand, begann ich unverzüglich damit, Extreme Self-Care in die Praxis umzusetzen.

Als Erstes wusch ich meinen Namen wieder rein. Ich ließ fast 50 Prozent von dem los, woran ich arbeitete, und verschaffte mir so den emotionalen und physischen Raum, um für Michael und für mich da sein zu können. Ich verschob den Abgabetermin für mein Buch, schränkte Telefonate und E-Mails ein und hörte auf, meine ganze Zeit zu verplanen. Das Ziel war, mir selbst mehr Luft zu verschaffen, als ich zu brauchen glaubte. Ich schob einige Geschäftsprojekte auf und sortierte diejenigen aus, die mir Stress bereitet hatten. Außerdem spannte ich einige Freunde ein, telefonisch erreichbar zu sein, wenn ich Luft ablassen musste, und begann, um Hilfe zu bitten, auch wenn es mir schwerfiel und mir sehr unangenehm war. Im Laufe der Zeit begann ich, während ich besser darin wurde, Extreme Self-Care zu praktizieren, mein Leben zurückzugewinnen.

☙ ☙ ☙

Mit der Zeit habe ich begriffen, dass übermäßiges Geben oft ein Zeichen von Mangel, von Entbehrung ist – ein Signal, dass ein Bedürfnis nicht befriedigt, eine Emotion nicht zum Ausdruck gebracht oder eine Leere nicht gefüllt wird. Während Sie sich beispielsweise stundenlang damit beschäftigen, die Termine der Familienmitglieder zu koordinieren, sehnen Sie sich vielleicht eigentlich nach tiefer gehenden und bedeutsameren Beziehungen, anregenden Gesprächen oder mehr Nähe zu sich selbst. Vielleicht stehen Sie auch anderen zur Verfügung und sind großzügig ihnen gegenüber, weil Sie sich unbewusst wünschen, dafür etwas zu bekommen, sei es Anerkennung, Zuneigung, Bestätigung oder Unterstützung. Sich dessen bewusst zu werden, inwiefern und warum Sie einen Mangel empfinden, kann ein Schlüssel zu der Erkenntnis sein, welche emotionalen und physischen Veränderungen Sie vornehmen müssen, um Extreme Self-Care umzusetzen.

Auf welche Art und Weise lassen Sie sich selbst verhungern oder was brauchen Sie, um ein reiches und erfüllendes Leben zu führen?

Da Erkenntnis an und für sich zu Veränderungen anregt, möchte ich Sie dazu auffordern, sich in den nächsten 30 Tagen darüber klar zu werden, wie Sie sich im Großen und Kleinen selbst das vorenthalten, was Sie brauchen. Statt sich wie ein Opfer von etwas außerhalb Ihrer selbst zu fühlen, können Sie, sobald Sie einsehen, dass Sie allein für übermäßiges Geben verantwortlich sind, sich selbst dazu befähigen, etwas dagegen zu unternehmen. Schließlich sind Sie es, der Ja sagt, Ihren Terminkalender überbucht oder den Bedürfnissen anderer Priorität einräumt, und kein anderer. Das Geschenk, sich diese Tatsache einzugestehen, besteht darin, dass Sie auch die Macht besitzen, diese Situation zu ändern.

❦ ❦ ❦

Um zu einem besseren Verständnis zu gelangen, was ich meine, lassen Sie uns einige weit verbreitete Klagen betrachten und untersuchen, was sie im Grunde bedeuten:

Wenn Sie sich dabei ertappen, Dinge zu sagen wie:
»Ich habe nie Zeit, das zu tun, was ich tun möchte«,
dann meinen Sie eigentlich:
»Ich nehme mir keine Zeit für meine Bedürfnisse.«

Wenn Sie beharrlich behaupten:
»Letztendlich erledige ich immer alles selbst«,
sagen Sie in Wahrheit:
»Ich bitte nicht um Hilfe.«

Wenn Sie sich selbst klagen hören:
»Niemand weiß die Dinge zu schätzen, die ich tue«,
meinen Sie damit höchstwahrscheinlich:
»Ich nehme mir zu viel vor in der Hoffnung, dass jemand Notiz davon nimmt und mir sagt, wie gut ich bin oder wie dankbar er ist.«

Und wenn Sie schließlich die Entschuldigung verwenden:
»Meine Kinder nehmen meine ganze Zeit in Anspruch«,
dann müssen Sie sich tatsächlich eingestehen:
»Ich habe die Wahl getroffen, den Bedürfnissen meiner Kinder mehr Priorität einzuräumen als meinen eigenen.«

Verstehen Sie? Die Entscheidungen, die Sie treffen, tun entweder Ihrer Extreme Self-Care Genüge oder lassen Sie mit einem Gefühl des Mangels zurück. Es ist wirklich so einfach.

Extreme-Self-Care-Herausforderung:
Finden Sie heraus, wo Sie das Gefühl haben,
verzichten zu müssen

Jetzt sind Sie an der Reihe. Diese Aufgabe ist ein Aufruf zur Bewusstheit – sich dessen deutlicher bewusst zu werden, wie, warum und wo Sie das Gefühl haben, verzichten zu müssen. Für diese Übung möchte ich, dass Sie sich ein kleines Notizbuch im Taschenformat kaufen.

Und dann stellen Sie sich in diesem Monat tagtäglich folgende Fragen, wann immer Sie sich überfordert, frustriert, belastet oder gekränkt fühlen:

* Wo habe ich das Gefühl, verzichten zu müssen?

* Wovon brauche ich jetzt sofort mehr?

* Wovon brauche ich weniger?

* Was will ich jetzt sofort?

* Wonach verzehre ich mich?

* Wer oder was bringt mich dazu, mich gekränkt oder verbittert zu fühlen, und warum?

* Wonach bin ich am Verhungern?

Ihre Antworten auf diese Fragen werden Ihnen helfen, die Bereiche Ihres Lebens zu bestimmen, die ein höheres Maß an Bewusstheit erfordern, ein zunehmendes Gewahrsein dessen, was verändert werden muss, damit Sie nicht mehr dieses Mangelgefühl haben.

Bei der Durchführung dieser Übung ist es wichtig, dass Sie Ihre Bedürfnisse konkret benennen. Anstatt also beispielsweise zu schreiben: »Ich empfinde ein Gefühl des Mangels, weil ich keine Zeit für mich habe«, könnten Sie es so formulieren: »Ich habe das Gefühl, auf freie, ungestörte Zeit ohne meine Kinder und meinen Mann verzichten zu müssen, die es mir ermöglicht, etwas einfach nur für mich zu tun, etwa ein gutes Buch zu lesen, mit einer Freundin Mittag zu essen oder in Ruhe ein Bad zu nehmen.« Wenn Sie sich selbst beobachten und sich Zeit nehmen, um wohl durchdacht zu Ihren Antworten zu gelangen, werden Sie mehr Klarheit über die wichtigsten Bedürfnisse Ihrer Seele gewinnen können, sodass Sie keine Gefühle des Mangels mehr erleben.

Zum Beispiel:

1. Anstatt sich einzugestehen, dass Sie *»sich besser ernähren«* sollten, könnten Sie sich daran erinnern, wie sich bestimmte Lebensmittel bei Ihnen auswirken, und erkennen, dass Sie mehr Energie haben, wenn Sie auf Fleisch oder Molkereiprodukte verzichten und mehr Gemüse essen.

2. Anstatt einfach zu sagen, dass Sie *»frische Luft«* brauchen, könnten Sie sich berufen fühlen, *»jeden Tag einen zügigen Spaziergang in der Natur an einem Ort zu unternehmen, wo ich tief atmen, mich im Reinen fühlen und die umgebende Schönheit aufnehmen kann.«*

3. Anstatt einfach einzusehen, dass Sie *»Hilfe von anderen benötigen«*, konkretisieren Sie, welche Art von Hilfe Sie brauchen, indem Sie so etwas wie das Folgende notieren:

»Ich brauche jemanden, der jede Woche die Wäsche wäscht, den Rasen mäht, wenn ich nicht da bin, und einen Teil der Lebensmitteleinkäufe erledigt.«

4. Und anstatt festzustellen, dass Sie *»es satthaben, auf der Arbeit Mitarbeiterbesprechungen zu leiten«*, könnten Sie schreiben: *»Ich brauche jemanden, der montags die Mitarbeiterbesprechungen führt, sich Notizen macht und sie dann an die entsprechenden Leute verteilt.«*

Andere Bedürfnisse könnten sein:

* mehr (oder besseren) Schlaf zu bekommen

* sich ein kreatives Betätigungsfeld zu erschließen

* seelenstärkende Freundschaften zu schließen

* sich Möglichkeiten zu überlegen, mehr Spaß und/oder Abenteuer zu erleben

* angenehme Aktivitäten und Erfahrungen zu bestimmen und anzustreben

* sich einen seelenstärkenden Raum zu Hause oder am Arbeitsplatz einzurichten

Sich darüber klar zu werden, wie und wo Sie Mangel und Verzicht in Ihrem Leben erfahren, ist von entscheidender Bedeutung, denn dann können Sie die notwendigen Veränderungen durchführen, um sich absolut wohlzufühlen und zufrieden zu sein. Stimmen Sie Ihre innere Antenne auf Ihre Bedürfnisse immer fein ab.

Weiterführende Informationen

❋ *Die Kunst, sich nicht unterkriegen zu lassen. 40 Probleme, die jeder hat, und ihre Lösungen,* von Mark Goulston, M.D., und Philip Goldberg – unterstützt Sie dabei, Selbstsabotage zu erkennen und zu überwinden.

❋ *Das Drama des begabten Kindes und die Suche nach dem wahren Selbst,* von Alice Miller – hilft Ihnen, Ihr Leben zurückzuerobern, indem Sie Ihre Kernbedürfnisse und Ihre Wahrheit herausfinden.

❋ *Schattenarbeit. Wachstum durch die Integration unserer dunklen Seite,* von Debbie Ford – ein wunderbares Buch darüber, uns alle Aspekte dessen, wer wir sind, etwa Streber, Pfleger, Märtyrer und andere, einzugestehen und sie zu akzeptieren.

❋ *Eat Pray Love: Eine Frau auf der Suche nach allem quer durch Italien, Indien und Indonesien,* von Elizabeth Gilbert – eine bewegende Geschichte über die Selbstfindungsreise einer Frau.

❋ Die offizielle Website von Alanis Morissette (**www. alanis.com**) – diese bemerkenswerte Frau schafft inspirierende Musik, die die Lebensreise aufzeichnet, die wir alle unternehmen, wenn wir die Entscheidung zu einem bewussteren Leben treffen.

SPIEGLEIN,
SPIEGLEIN, AN DER WAND

Vor einigen Monaten wurde ich eingeladen, in *The Oprah Winfrey Show* über das Gesetz der Anziehung zu reden. Weitere Gäste waren Martha Beck, Autorin von *Das Polaris-Prinzip: Entdecke, wozu Du bestimmt bist – und tue es!*, sowie Louise Hay, Autorin von *Gesundheit für Körper und Seele* und Gründerin des Verlags Hay House, in dem dieses Buch erschienen ist. Als wir während der Show darüber sprachen, die Macht des Geistes zu nutzen, um den Lauf unseres Lebens zu lenken, betonte Louise mehrfach, wie wichtig es sei, Selbstliebe zu lernen als Voraussetzung dafür, Freude, Reichtum, Wohlbefinden, bedeutungsvolle Erfahrungen und dergleichen anzuziehen.

Immer wieder legte sie dem Publikum und den Zuschauern nahe, als tägliche Praxis »Ich liebe dich« zu sagen, wenn sie in den Spiegel schauen. Am Ende der Show dachte ich: *Ich muss dieser Sache, die sie da gesagt hat, Aufmerksamkeit schenken.*

Mit 82 Jahren ist Louise eine weise Seele – eine Frau, die ein außergewöhnliches Leben führt, das Millionen Menschen inspiriert hat. Ihre Überzeugung von der Macht der Spiegelarbeit rührte und beeindruckte mich. Schließlich spricht es die Bedeutung der Selbstliebe und Selbstakzeptanz an, die ich als die Basis der Extreme Self-Care betrachte. Also traf ich auf der Stelle die Entscheidung, mir Louises Rat zu Herzen zu nehmen. Ich wollte einen Monat lang jeden Tag »Ich liebe dich, Cheryl« sagen, wann immer ich in einen Spiegel blickte, und mal sehen, was passieren würde.

❦ ❦ ❦

Für die meisten Menschen ist diese Übung, in einen Spiegel zu schauen und »Ich liebe dich« zu sagen, eine heikle Sache. Allein der Gedanke daran kann sich unangenehm oder albern anfühlen. Diese Übung ist wahrlich nicht leicht. Nach der Show hatte ich vor, Louises Empfehlung zu befolgen, aber ich vergaß es mehrere Tage lang ständig. Eines Abends dann, bevor ich ins Bett gehen wollte, wusch ich mir gerade das Gesicht, als ich mich an meine Absicht erinnerte. Schließlich sah ich mir im Spiegel in die Augen und sagte: »Ich liebe dich, Cheryl.« Augenblicklich empfand ich Verlegenheit, als ob mir jemand dabei zusehen würde. Ich versuchte es noch einmal und schaute verlegen und beschämt weg. Beim dritten Versuch ertappte ich mich dabei, dass mein Blick an den Augenfältchen hängen blieb, an den Härchen, die an den Enden meiner Brauen gezupft werden mussten, und an der etwas schlaffen Haut unter dem Kinn. *Großartig*, dachte ich. *Mein Versuch der Selbstliebe hat sich jetzt zu einer kritischen Einschätzung meines Alterungsprozesses entwickelt.* Ich hatte jämmerlich versagt.

Was ist so albern daran, wenn wir uns sagen, dass wir uns lieben? Warum fällt es so schwer, etwas zu tun, was doch anscheinend so leicht ist? Weil es ein ungemein intimer Akt ist, wenn wir uns aufmerksam ansehen, vor allem in die Augen. Obwohl wir oft einen Spiegel benutzen, um uns zurechtzumachen oder uns zu pflegen, so halten wir selten inne, um länger als ein paar Sekunden in unsere Augen zu blicken. Und wenn wir es tun, gibt es kein Verstecken. Die meisten von uns werden mit der Wahrheit konfrontiert, dass wir die Person, die wir im Spiegel erblicken, aufgegeben haben. Als ich mir in die Augen blickte und den Satz »Ich liebe dich, Cheryl« wiederholte, stand ich vor der Tatsache, dass diese Aussage nicht glaubhaft klang. Die Wahrheit war, dass ich, lange bevor ich Liebe spürte, Mängel sah. Und das ist der Punkt.

Um Extreme Self-Care praktizieren zu können, müssen Sie lernen, sich selbst bedingungslos zu lieben, Ihre Unzulänglichkeiten anzuerkennen und Ihre Schwachstellen anzunehmen. Spirituell gesehen geht es um das Erkennen, dass Sie eine Seele in einem physischen Körper sind, die hier ist, um mehr darüber zu erfahren, wer Sie wirklich sind. Wenn Sie sich mit dem Respekt behandeln und betrachten, den Sie verdienen, erfahren Sie einen Frieden, der davon herrührt, dass Sie in sich selbst gegenwärtig sind. Es ist so schwer, sich selbst tief in die Augen zu blicken, weil das Ego dadurch gezwungen wird, zur Seite zu treten, während Sie für einen kurzen Moment Ihre wahre Natur erkennen: ein spirituelles Wesen, das in einer physischen Hülle beherbergt ist.

Spiegelarbeit funktioniert!

Nachdem ich mitbekommen hatte, wie ernst es Louise mit der Spiegelarbeit war, und gesehen hatte, was sie in ihrem Leben erschaffen hatte, fühlte ich mich inspiriert, sie auch ernst zu nehmen. Ich beschloss also, mich in den nächsten 30 Tagen daran zu halten – ich wollte sehen, was passieren würde, wenn ich diese Übung konsequent durchführte. Immer wenn ich in die Nähe eines Spiegels kam, sah ich mir in die Augen und sagte: »Ich liebe dich, Cheryl.« Ob ich mir das Gesicht wusch, Auto fuhr, ein Kleidungsstück in einem Umkleideraum anprobierte oder sich mein Gesicht auf dem Computermonitor spiegelte, ich versuchte, über die typischen kritischen Gedanken hinaus die Essenz dessen, wer ich bin, zu erblicken. Am dritten Tag geschah etwas Interessantes.

Je häufiger ich »Ich liebe dich, Cheryl« sagte, umso weniger unbehaglich und umso freundlicher mir selbst gegenüber fühlte ich mich. Leicht war es zwar immer noch nicht, aber es wurde doch zunehmend angenehmer. Nach der ersten Woche fiel mir auf, dass die kritischen Stimmen in mir allmählich leiser wurden. Wenn meine Gedanken zu meinen Makeln zurückkehrten, richtete ich sie behutsam neu aus und erinnerte mich daran, dass ich lernte, mich selbst zu lieben und zu akzeptieren, statt eine Bestandsaufnahme von dem zu machen, was geändert oder verbessert werden müsste. In der zweiten Woche begann diese freundlichere, sanftere Sicht auf mein tägliches Leben auszustrahlen. Ich wurde geduldiger im Umgang mit anderen wie auch mit mir selbst. Ich war nun in der Lage, mein Denken auf die Gegenwart zu richten, statt mich so sehr um die Vergangenheit zu kümmern oder mich um die Zukunft zu sorgen. Und ich war weniger geneigt, mich selbst zu etwas zu drängen, was ich gar nicht tun wollte. *Hm*, dachte ich, *diese Übung ist vielleicht doch gar nicht so albern.*

Während dieses Monats, in dem ich diese Übung machte, vollzog sich ein innerer Wandel. Ich begann, eine tiefere, liebevollere Beziehung zu mir selbst zu entwickeln. Mir fiel auf, dass, wann immer etwas Aufreibendes oder Ärgerliches passierte, es mich nicht mehr so fertigmachte oder ich mich nicht mehr so lange damit aufhielt. Stattdessen blieb ich ruhig und gelassen … besser in der Lage, meine Mitte zu finden. Wenn mich etwas frustrierte, hörte ich auf, mich an dem Drama zu weiden, und ließ es einfach los. Wenn jemand etwas Verletzendes sagte oder tat, erhob ich sofort meine Stimme. Ich begann außerdem, stärker darauf zu achten, was ich meinem Geist und Körper zuführte, ob es nun darum ging, deprimierende oder gewalttätige Nachrichten zu meiden oder nahrhaftere Lebensmittel zu wählen.

Und während ich weiterhin die Spiegelübung praktizierte, begann ich, einen liebevolleren Teil von mir zu erkennen, der sich in anderen Bereichen meines Lebens widerspiegelte – Bereiche, die ich nie zuvor in Betracht gezogen oder denen ich nie Beachtung geschenkt hatte. Beispielsweise hatten mein Mann und ich uns einen wunderschönen blau-grauen Kartäuserkater zugelegt, den wir in einem Tierheim gefunden hatten. Während uns das Kätzchen, das wir »Poupon« nannten, immer mehr ans Herz wuchs, konnte ich sehen, wie ich mich verändert hatte. Wie ich Poupon behandelte, entsprach der Art und Weise, wie ich lernte, mit mir selbst umzugehen.

Es ist erstaunlich, wie Haustiere uns helfen können, die Liebe zu sehen, die wir zu geben haben. Das trifft auf jeden Fall auf mich zu. Wenn ich mit Poupon zusammen bin, ist mein Tonfall sanfter, liebevoller. Ich versorge ihn gern mit gesunden Mahlzeiten und gebe ihm im Laufe des Tages frisches, sauberes Wasser. Ich nehme mir immer Zeit – egal wie eingespannt ich bin –, um mit ihm zu spielen und ihm die Aufmerksamkeit, Pflege und Bewegung angedeihen zu lassen, die er braucht. Und wenn er etwas anstellt, beispielsweise ein Glas kaputt macht oder eine Pflanze umwirft, dann mache ich einfach kommentarlos sauber und führe ihn geduldig von der Schweinerei weg. Ich schimpfe ihn nie wegen solcher Fehler aus.

So, wie mein Kater ein wunderbarer Spiegel dafür ist, wie ich mit mir selbst umzugehen habe, verfügen Sie bestimmt ebenfalls über einen Spiegel, der eine liebevollere und zartere Seite von Ihnen reflektiert. Vielleicht ist es Ihr Kind, Ihr Enkel oder Ihr Garten – das, dem Sie sich liebevoll und geduldig am meisten widmen, bietet Anhaltspunkte dafür, wie Sie sich beständiger um sich selbst kümmern müssen.

Je länger ich die Spiegelübung praktizierte, desto deutlicher erkannte ich, dass eine wichtige Veränderung im Gange war – eine Veränderung vom braven Mädchen zur guten Mutter.

Denn im Grunde geht es bei der Extreme Self-Care darum: um ein besonderes Bemuttern. Eine gute Mutter weiß, was einem Kind hilft, um sich in jeder Hinsicht gesund zu fühlen. Sie entwickelt einen überaus feinen Fühler, der sie wissen lässt, was ihre Kinder brauchen, und mithilfe eines liebevollen, scharfsichtigen Auges tut sie ihr Bestes, um diese Bedürfnisse zu befriedigen.

Als ich darüber nachdachte, sich selbst eine gute Mutter zu sein, erinnerte ich mich an ein Erlebnis, das ich hatte, als ich das Konzept der Extreme Self-Care in Kripalu, einem Retreatzentrum in den wunderschönen Berkshires im Westen von Massachusetts, unterrichtete. Wie so oft in meinen Retreats ließ ich eine meiner Lieblings-CDs laufen – *Mother Divine* von Kurt Van Sickle – einen Gesang, der Zuhörern helfen soll, ihren unruhigen Geist während einer Meditationsübung zur Ruhe kommen zu lassen. Nur wenige Minuten später begannen mehrere Teilnehmer zu weinen. Ich sah mich um und dachte an die vielen Male im Laufe der Jahre, in denen ich diese Reaktion erlebt hatte. Immer wieder waren Männer und Frauen zu Tränen gerührt, wenn ich diese Musik auflegte.

An diesem Tag wartete ich nach der Meditation ein paar Minuten, bevor ich die Teilnehmer nach ihren Erlebnissen fragte. Viele berichteten, dass die Musik eine tiefe Traurigkeit in ihnen hervorgerufen habe – die Sehnsucht nach einer Beziehung zu einer mütterlichen Präsenz, die sie halten, für sie sorgen und ihnen Trost bieten würde. Einige sprachen von einer Sehnsucht nach einer Art von Bemutterung, die sie in ihrer Kindheit nie erfahren hatten. Während ich ihren Geschichten lauschte, verspürte ich tiefes Mitgefühl für ihren Schmerz. Wir alle wollten und brauchten dasselbe, und genau das kann Extreme Self-Care uns geben: gutes Bemuttern.

Extreme-Self-Care-Herausforderung:
Verlieben Sie sich in sich selbst

Auch wenn Ihnen der Gedanke an Spiegelarbeit eher wie eine *Saturday Night Live*-Parodie (erinnern Sie sich an Al Frankens Darstellung von Stuart Smalley?) vorkommt als ein Akt der Selbstliebe und Akzeptanz, fordere ich Sie auf, es trotzdem zu tun. Machen Sie es sich die nächsten 30 Tage tagtäglich zum Prinzip, sich vor einen Spiegel zu stellen oder zu setzen, sich direkt in die Augen zu sehen und laut zu wiederholen: »Ich liebe dich, [ergänzen Sie Ihren Vornamen].«

Egal wie unwohl oder albern Sie sich dabei fühlen, wiederholen Sie es einfach. Wiederholen Sie es so lange, bis Sie sich auf eine spirituelle Weise erleben − als eine Präsenz, die tiefer, weiter und umfassender ist als Ihr physisches Selbst. Stellen Sie sich vor, wie sie sich über die Persönlichkeit, die »Du« heißt, hinausbewegt und Sie stärker auf der Ebene Ihrer Seele verbindet. Diese Erfahrung braucht Zeit, machen Sie sich also keine Gedanken, falls es Ihnen schwerfällt. Für diese Übung haben Sie einen ganzen Monat Zeit, und es besteht kein Grund zur Eile. Fangen Sie einfach erst einmal an und erlauben Sie es sich, sich mit dieser neuen Ebene der Beziehung und Nähe wohlzufühlen.

Weiterführende Informationen

* *Gesundheit für Körper und Seele*, von Louise L. Hay – eines der frühen Selbsthilfebücher, das die Zeiten überdauert hat. Es erzählt Louises Lebensgeschichte und stellt mithilfe einer praktischen Referenzliste von körperlichen Erkrankungen und ihren entsprechenden emotionalen Auslösern die Verbindung zwischen Geist und Körper her.

* *You Can Heal Your Life – der Film* – eine Inspirations-DVD, die Louises inspirierende Reise aufzeichnet. Des weiteren diskutieren mehrere Koryphäen auf den Gebieten der Selbsthilfe, Gesundheit, Spiritualität und der Neugeist-Bewegung über die Macht unserer Gedanken, um die Qualität unseres Lebens zu beeinflussen.

* *Mother Divine*, von Kurt Van Sickle – eine großartige Gesangs-CD, die dazu beflügelt, gut für sich selbst »elterlich« zu sorgen.

* Meine CD *Tuning In: Listening to the Voice of Your Soul* – sie lehrt Sie in 10-, 20- und 30-minütigen geführten Meditationen, sich nach innen zu wenden, um Zugang zu Ihrer Weisheit zu erhalten.

* *Eine neue Erde: Bewusstseinssprung anstelle von Selbstzerstörung*, von Eckhart Tolle – ein lebensveränderndes Werk, das Sie anleitet, sich selbst als spirituelles Wesen, das eine menschliche Erfahrung macht, zu begreifen und wahrzunehmen.

LASSEN SIE MICH
SIE ENTTÄUSCHEN

Ich hasse es, enttäuscht zu werden. Mir erst Hoffnungen zu machen und sie dann zu zerschlagen, das hinzunehmen fiel mir schon immer sehr schwer. Aus diesem Grund sage ich oft reflexartig Ja, wenn mich jemand um einen Gefallen bittet, obwohl ich eigentlich lieber Nein sagen würde. Oder ich brauche viel zu lange, um mir eine elegante Ausrede einfallen zu lassen, sodass ich letzten Endes frustriert und verärgert darüber bin, so viel von meiner Zeit vergeudet zu haben.

Kurz nachdem ich anfing, mit Thomas Leonard zu arbeiten, forderte er mich auf, etwas zu tun, was mich vor Angst förmlich erstarren ließ. Er wusste, dass es mir unglaublich wichtig war, was Leute von mir hielten, und dass ich mir ein Bein ausriss, um geliebt zu werden. Um mir also zu helfen, mein Bedürfnis, ein braves Mädchen zu sein, zu überwinden, empfahl er mir, dass ich einen ganzen Monat lang tagtäglich einen Menschen verärgern sollte. Es ging ihm darum, mir zu helfen, gegen meine Angst vor Konflikten »unempfindlich« zu werden und Leute im Stich zu lassen, indem ich ihrer Verärgerung, ihrer Enttäuschung oder ihren verletzten Gefühlen direkt gegenübertrat. Allein bei dem Gedanken verdrehte sich mir der Magen. Und das wusste er. Aber er wusste auch (und das war mir letzten Endes ebenso klar), dass es wichtig war. Es half mir, damit anzufangen, mich weniger darum zu scheren, was andere denken, sondern vielmehr darum, was *ich* denke. Meine Bereitschaft, mich dieser Angst zu stellen, ebnete den Weg für eine ehrlichere, aufrichtigere Lebensweise.

❦ ❦ ❦

Die meisten von uns verletzen oder enttäuschen andere nur ungern. Es ist unangenehm. Einige weit verbreitete Gründe dafür sind folgende:

* Wir wollen kein schlechtes Gewissen haben.

* Wir wollen andere nicht enttäuschen, weil wir wissen, wie unangenehm sich das anfühlt.

* Uns fehlen die passenden Worte, um jemanden mit Anstand und Liebe im Stich zu lassen.

* Unsere Angst vor Konflikten und unser Wunsch nach Harmonie halten uns davon ab, die Wahrheit auszusprechen.

* Wir wollen, dass man uns mag, und fühlen uns unwohl, wenn das nicht so ist.

Eine der harten Tatsachen, die mit der Praxis der Extreme Self-Care einhergehen, ist, dass Sie lernen müssen, das Unbehagen in den Griff zu bekommen, das sich einstellt, wenn andere Leute enttäuscht, verärgert oder verletzt sind. Und das werden sie auch sein. Wenn Sie beschließen, Ihr Muster der Selbstaufopferung und des Mangels zu durchbrechen, werden Sie anfangen müssen, Nein zu sagen und Grenzen zu setzen, um Ihre Zeit, Ihre Energie und Ihre emotionalen Bedürfnisse zu schützen. Das kann für eine verständnisvolle, warmherzige Person ein großes Problem darstellen. Warum? Weil Sie beispielsweise eine Freundin enttäuschen werden, wenn Sie beschließen, nicht auf ihre Kinder aufzupassen. Oder Sie werden wahrscheinlich die Gefühle Ihres Sohnes verletzen, wenn Sie ihm sagen, dass er zu seinem Freund zu Fuß gehen soll, statt wie immer dorthin kutschiert zu werden. Oder Sie könnten Ihren Partner verärgern, wenn Sie ihn auffordern, seine Klamotten selbst zu waschen. Weil Sie die Spielregeln ändern, und das wird gewissen Leuten nicht gefallen. Aber rufen Sie sich ins Gedächtnis zurück: Wenn Sie ein bedeutsames Leben führen wollen, das auch im Leben anderer etwas bewirkt, müssen Sie erst in Ihrem Leben etwas bewirken. Auf diese Weise ist Ihre Motivation rein und ohne Bedauern.

Wie man richtig enttäuscht

Es ist erstaunlich, was manche Leute alles tun, um andere nicht zu verletzen oder zu enttäuschen. Mein Gespräch mit Barbara, einer Frau, die mich in meiner Internet-Radioshow anrief, veranschaulicht das ganz gut.

Barbara war sich ihrer Neigung, ein braves Mädchen zu sein, wohl bewusst, und noch bevor sie sich an mich wandte, durchschaute sie genau, was da ablief. »Ich bin im Begriff, die ultimative Braves-Mädchen-Tat zu begehen«, bekannte sie. »In den vergangenen sechs Monaten hat mein Manager sich sehr dafür eingesetzt, mir eine neue Stelle in einer wärmeren Gegend zu verschaffen, was ich mir seit Langem wünsche. Aber während der Einstellungsprozedur ist mir klar geworden, dass dieser Job überhaupt nicht meinen Vorstellungen entspricht. Und ich glaube nicht, dass ich damit glücklich sein werde. Aber jetzt kommt das Verrückte daran − ob Sie es glauben oder nicht −, aber ich überlege wirklich, trotzdem den Job anzunehmen. Weil mein Manager keine Mühen gescheut hat, mir zu helfen, ist es mir so unangenehm, ihn zu enttäuschen.«

So unfassbar diese Geschichte sich auch anhören mag, war ich doch nicht im Geringsten überrascht. Wenn Sie darüber nachdenken, werden Sie sich mit Sicherheit an Zeiten erinnern, in denen Sie sich in einer ähnlichen Situation befanden. Obwohl alles in Ihnen »Nein!« geschrien hat, haben Sie vielleicht trotzdem eine neue Klientin aufgenommen, weil Sie nicht wollten, dass sie sich abgelehnt fühlt. Oder vielleicht haben Sie sich mit Ihrem Ehemann gestritten, nicht genug Zeit füreinander zu haben, und dann erklären Sie sich noch am selben Tag dazu bereit, eine Wohltätigkeitsveranstaltung für die Schule Ihres Kindes zu organisieren, einfach weil Sie die anderen Eltern wissen lassen wollen, wie engagiert Sie doch sind.

Tagtäglich treffen Menschen kritische Entscheidungen, die auf den Wünschen anderer beruhen, auf einer Ebene wohlwissend, dass sie einen Akt des Selbstverrats begehen. Der Rolle des braven Mädchens (oder Jungen) abzuschwören ist ein hartes Stück Arbeit.

Was passiert also, wenn Sie anfangen, Leute vor den Kopf zu stoßen, und sie dann verärgert sind? Wenn Sie Extreme Self-Care praktizieren, wird das selbstverständlich Konsequenzen haben. Tatsächlich können Sie einige Beziehungen einbüßen, die Sie als wichtig erachtet haben. Das wird ganz zwangsläufig passieren, denn wenn Sie dazu neigen, übermäßig zu geben, haben Sie die Menschen in Ihrem Leben dazu erzogen, genau das zu erwarten, und sie werden Sie ins Verhör nehmen, sobald Sie damit aufhören. Denken Sie daran, dass Sie dadurch, dass Sie Ihren Bedürfnissen Priorität einräumen, auch die Regeln ändern.

Seien Sie also nicht überrascht, wenn eine Ihnen nahestehende Person – die beste Freundin, ein Familienmitglied oder der Ehepartner – versucht, Sie wieder an Land zu ziehen, indem sie noch mehr Anforderungen stellt oder Sie zu Schuldgefühlen verleitet. Wenn das eintritt, ist das Schlimmste, was Sie tun können, nachzugeben, weil dadurch unterschiedliche Botschaften übermittelt werden und es andere veranlasst, Ihr Wort anzuzweifeln. Vielmehr müssen Sie ehrlich sein, direkt und entschlossen, für sich selbst zu sorgen. Geben Sie keine langen Erklärungen ab, verteidigen Sie sich nicht und laden Sie nicht zu einer Diskussion über Ihre Gefühle ein. Je weniger Worte, umso besser.

Aus diesem Grund lege ich Wert darauf, dass Sie sich um gute Unterstützung kümmern, bevor Sie mit den Übungen in diesem Buch anfangen. Wenn Sie sich selbst überlassen sind, die Kunst des Enttäuschens zu erlernen, wird es so gut wie sicher darauf hinauslaufen, dass Sie unachtsam werden oder in Ihrer Entschlossenheit nachlassen. Lassen Sie nicht zu, dass das passiert – suchen Sie sich Hilfe. Sie brauchen den Beistand derer, die sich für ihre eigene Extreme Self-Care einsetzen, sodass sie Ihre Fürsprecher sein können, während Sie klar Stellung für Ihr Leben beziehen.

Mit Unterstützung ist es einfacher, Ihre Wahrheit auszusprechen und zu leben. Jahrelang habe ich mich an Freunde oder Mitarbeiter gewandt, mir zu helfen, Leute im Stich zu lassen, oder um Unterstützung vor und nach einem schwierigen Gespräch gebeten. Es ist klug, andere darum zu bitten, Sie zu stützen, wenn Sie sich unsicher fühlen.

Jetzt ist es an der Zeit, anzufangen, auf freundliche und liebevolle Weise ehrlich und direkt gegenüber den Menschen in Ihrem Leben zu sein, sodass Sie darauf ausgerichtet bleiben können, Ihre Bedürfnisse zu erfüllen.

Hier sind einige Richtlinien, die Ihnen helfen, stark zu bleiben, während Sie gut für sich selbst sorgen:

1. **Verschaffen Sie sich Zeit.** Wenn jemand mit einem Anliegen an Sie herantritt, sollten Sie zweierlei tun. Sorgen Sie als Erstes für einen zeitlichen Abstand zwischen dem Anliegen und Ihrer Antwort. Bevor Sie schnell antworten: »Ja, ich bin dabei!«, nehmen Sie sich etwas Zeit, um die Folgen Ihrer Antwort zu überdenken. Sagen Sie immer: »Ich muss dir noch Bescheid sagen«, »Ich muss darüber schlafen«, oder: »Ich muss das noch mit jemandem absprechen, bevor ich zusage« (selbst wenn dieser Jemand Sie selbst sind).

Als Zweites lassen Sie die Person *im Voraus* wissen, dass Sie der Bitte vielleicht nicht nachkommen können. Das macht die Sache weniger persönlich. Äußerungen wie »Ich habe kürzlich die Entscheidung getroffen, meine Zusagen und Verpflichtungen einzuschränken, und darum muss ich vielleicht ablehnen« können den Druck von Ihnen nehmen, falls Sie beschließen, dass es nicht Ihren besten Interessen dient. Andere frühzeitig auf die Möglichkeit vorzubereiten, dass Sie ihnen vielleicht nicht helfen können, hat noch einen anderen Vorteil. Es ermuntert diejenigen, die um Hilfe bitten, sich früher statt später andere Möglichkeiten zu überlegen.

2. **Prüfen Sie Ihr Bauchgefühl.** Sobald Sie sich etwas Zeit verschafft haben, besteht der nächste Schritt darin, zu überprüfen, ob Sie der Bitte wirklich gern nachkommen würden. Stellen Sie sich folgende Frage: »Wenn ich es auf einer Skala von 1 bis 10 bewerten sollte, wie gern

möchte ich das wirklich tun?« Je näher Ihre Antwort an die 10 kommt, umso eher sollten Sie ein Ja in Betracht ziehen. Falls Sie sich immer noch nicht sicher sind, stellen Sie sich folgende Frage: »Wenn ich wüsste, dass diese Person nicht verärgert, enttäuscht oder aufgebracht sein würde, würde ich dann Nein sagen?«

Im Laufe der Jahre habe ich herausgefunden, dass Menschen, die dazu neigen, die Bedürfnisse anderer an die erste Stelle zu setzen, normalerweise *defensive Entscheidungen* treffen. Anstatt darüber nachzudenken, was *sie* tun wollen, machen sie sich sofort darüber Gedanken, was andere brauchen und wie sie auf ein Nein reagieren würden. Aber die Praxis der Extreme Self-Care bedeutet, darüber nachzudenken, was *Sie* zuerst brauchen. Würde es Ihnen Freude, Erfüllung oder Vergnügen bringen, wenn Sie dem Gefallen entsprechen? Ist es etwas, von dem Sie eigentlich überhaupt nicht begeistert sind, aber was, wie Ihnen klar ist, eine wichtige Beziehung fördern würde? Machen wir uns doch nichts vor: Es wird immer Zeiten geben, in denen Sie Dinge tun, die Ihnen eigentlich nicht behagen, auf die Sie sich aber trotzdem einlassen, weil Sie die betreffende Person sehr gern haben. Seien Sie sich jedoch sicher, dass Sie es tun, um Liebe zu zeigen oder um Ihre Beziehung zu stärken, aber nicht aus einem Schuldgefühl oder einer Verpflichtung heraus — eine Strategie, die in der Tat nach hinten losgehen und einen Keil zwischen Ihnen und der anderen Person treiben kann.

3. Sagen Sie die Wahrheit direkt — mit Anstand und Liebe. In den ganzen Jahren als Coach habe ich festgestellt, dass einer der Hauptgründe, warum Menschen sich damit schwertun, andere zu enttäuschen oder Nein zu sagen, der ist, dass ihnen die Worte fehlen, um eine ablehnende Antwort mit Anstand und Liebe zu formulieren. In dem Augenblick, in dem ich jemandem helfe, eine liebevolle und respektvolle Antwort zu finden, wird ihr Mut sofort größer.

Um auf Barbaras Geschichte (die Frau, die sich den Jobwechsel überlegte, nur um ihren Manager glücklich zu machen) zurückzukommen, betrachten wir im Folgenden ein Beispiel dafür, wie sie ein rücksichtsvolles, taktvolles Nein vorbringen könnte:

Bob, das ist für mich ein schwieriges Gespräch. Ich weiß, wie sehr Sie sich bemüht haben, mir zu helfen, einen neuen Job zu finden, und dafür bin ich Ihnen sehr dankbar. Aber die Wahrheit ist, dass mir, je mehr ich über die Stellung erfahre, immer klarer wird, dass sie nichts für mich ist. Ich schätze es so sehr, was Sie für mich getan haben, dass ich sogar überlegt habe, den Job anzunehmen, aber ich konnte mir das nicht antun, und ich weiß, dass es auch für die Firma nicht gut wäre. Ich habe also beschlossen, ihn abzulehnen, aber ich möchte Ihnen aufrichtig danken für Ihre Zeit und Mühe. Lassen Sie mich bitte wissen, ob und wie ich Ihnen behilflich sein kann, eventuelle Missklänge in Ihrer Beziehung mit Ihrem Ansprechpartner aufgrund meiner Absage zu bereinigen.

Dieses Beispiel veranschaulicht drei wichtige Schritte, um seine Wahrheit mit Anstand und Liebe zu sagen, und zwar:

❋ Seien Sie ehrlich in Bezug auf Ihre Gefühle, ohne sich übertrieben zu erklären. Lassen Sie die Person wissen, dass Sie es bedauern, die Bitte abzuschlagen (falls das stimmt), aber lassen Sie keine Tür offen, wenn Sie eine Wand brauchen. Seien Sie direkt (»Es ist mir unangenehm, Sie zu enttäuschen, aber ich muss es tun.«) und nicht seicht (»Ich glaube nicht, dass ich es tun kann, aber falls sich etwas ändert, werde ich Sie informieren.«). Lassen Sie Ihre Menschlichkeit durchscheinen, aber vermitteln Sie nicht den Eindruck, dass Sie offen für eine Diskussion sind. Es geht darum, dass Sie Ihre Worte mit Bedacht wählen und gleichzeitig die klare Botschaft vermitteln, dass Sie Nein sagen müssen.

* Sagen Sie die Wahrheit direkt, schlicht und einfach. Halten Sie sich an einen oder zwei knappe Punkte und erklären Sie (kurz), falls es notwendig ist, warum Sie der Bitte nicht nachkommen können. Dann gehen Sie weiter zum nächsten Schritt über.

* Fragen Sie je nach Lage der Dinge, wie Sie jemanden in einer peinlichen Situation unterstützen können, oder lassen Sie ihm jene Hilfe zukommen, die er braucht. Tun Sie das aber *nur*, wenn Sie eine moralische Verantwortung tragen, die sich auf eine bestimmte Person oder Situation bezieht. Müssen Sie beispielsweise mitten in einer Spendenaktion eine ehrenamtliche Position aufgeben, könnten Sie eine andere Person als Ersatz empfehlen oder eine Anzeige aufgeben. Oder wenn Sie Ihrer besten Freundin versprochen haben, ihr beim Anstreichen des Wohnzimmers zu helfen, und es sich dann anders überlegen, könnten Sie sie bei der Suche nach jemand anderem

unterstützen und sich dann gegebenenfalls an den
Kosten beteiligen.

**Lassen Sie uns ein paar weitere Beispiele ansehen, wo Sie
diesen Drei-Schritte-Plan einsetzen können:**

Szenario 1: Sie sind zur Hochzeit eines Freundes eingeladen, der in einem anderen Bundesstaat lebt, können es
sich aber nicht leisten, dorthin zu fahren. Die Wahrheit
mit Klarheit, Anstand und Liebe zu sagen, könnte sich
folgendermaßen anhören:

*Ich wünsche mir, ich müsste es nicht tun, aber ich könnte letzten
Endes deine Gefühle verletzen. Ich werde nicht imstande sein,
zu deiner Hochzeit zu kommen, was ich sehr bedauere. Meine
Familie kann sich die Kosten zurzeit nicht leisten, und da es
mir so leidtut, an deinem großen Tag zu fehlen, frage ich dich,
was wir tun können, um dieses besondere Ereignis auf eine andere Weise zu würdigen?*

Szenario 2: Nachdem Sie eingewilligt haben, übers Wochenende auf die Kinder Ihrer besten Freundin aufzupassen, wird Ihnen klar, dass Sie mit einem wichtigen Projekt auf der Arbeit im Rückstand sind. Sie brauchen die
nächsten Wochenenden, um diesen Arbeitsrückstand auf-
zuholen, um das Team nicht im Stich zu lassen. Hier ist
ein Vorschlag, was Sie sagen können:

*Ich muss dich leider enttäuschen, aber auf der Arbeit ist etwas
dazwischengekommen, und ich liege bei einem wichtigen Projekt hinter dem Zeitplan. Ich werde Probleme bekommen, wenn*

ich die nächsten Wochenenden nicht daran arbeite. Darum muss ich meine Zusage zurücknehmen, am Monatsende auf die Kinder aufzupassen. Es ist mir sehr unangenehm, und ich frage mich, ob wir nicht zusammen überlegen können, wer für mich einspringen könnte.

Szenario 3: Man hat Sie darauf angesprochen, dem Vorstand einer lokalen Wohltätigkeitsorganisation beizutreten. Versuchen Sie es mit folgender Antwort:

Vielen Dank für Ihre Einladung. Obwohl ich nicht annehmen kann, wünsche ich Ihnen allen das Beste für Ihre Organisation [Ihr Projekt, Ihre Ziele, was auch immer].

Dies ist eine großartige Möglichkeit, eine kurze, höfliche und direkte Antwort auf die Art von professionellen Anfragen oder allgemeineren Einladungen zu geben, von denen Sie instinktiv wissen, dass sie unpassend sind. Nachdem ich mich jahrelang damit schwergetan hatte, Anfragen liebenswürdig abzulehnen, habe ich die Erfahrung gemacht, dass diese den Zweck erfüllt. Es besteht keine Notwendigkeit, den Grund zu erklären − sagen Sie einfach die Wahrheit und wünschen Sie den betreffenden Personen das Beste.

Und zum Schluss denken Sie daran, dass Ehrlichkeit im Hinblick auf Ihre Verpflichtung, gut für sich selbst zu sorgen, fast immer etwas ist, was Leute verstehen und akzeptieren können. Also etwas in dieser Art wäre in fast jeder Situation ideal:

*In dem Bestreben, gut für mich selbst zu sorgen und mehr Zeit
zu Hause zu verbringen, muss ich Ihr Angebot ablehnen, auch
wenn ich mich durch Ihre Anfrage geehrt fühle.*

Vergessen Sie nicht, dass, wenn Sie Menschen auf die richtige
Weise enttäuschen, es darum geht, die Wahrheit respektvoll und
behutsam zu sagen, und nicht, mit ihren Gefühlen fertigzuwerden. Sie können nicht kontrollieren, wie jemand sich fühlt
oder wie er reagiert, aber Sie *können* kontrollieren, wie *Sie* sich
fühlen und wie Sie Ihr Argument vorbringen. Messen Sie Ihren
Erfolg nicht an der Reaktion, die Sie erhalten. Messen Sie ihn
daran, wie Sie sich fühlen, sobald Ihr Unbehagen verschwindet.
Wissen Sie in Ihrem Herzen, dass Sie die richtige Entscheidung
getroffen haben? Fühlen Sie sich erleichtert? Sind Sie zufrieden mit der Art und Weise, wie Sie damit umgegangen sind,
Nein zu sagen? Sind Sie froh, dass Sie es getan haben? Wenn
Sie diese Fragen mit Ja beantworten können, haben Sie für alle
Beteiligten das Richtige getan.

Extreme-Self-Care-Herausforderung:
Lernen Sie, Ihre Stimme zu erheben

Nun, da Sie über die notwendigen Werkzeuge verfügen, um
Ihre Energie zu schützen, sind Sie bereit, das Neinsagen zu
üben und gut für sich selbst zu sorgen.

In den folgenden 30 Tagen werden Sie sich die Kunst aneignen, Ihre Stimme zu erheben. Ihr Ziel besteht darin, sich damit
wohlzufühlen, Leute zu enttäuschen, sich Konflikten zu stellen,
mit Ärger umzugehen und die Möglichkeit zu erkennen, dass
Sie die Gefühle anderer verletzen können. Wenden Sie an,

was Sie in diesem Kapitel gelernt haben, um Bitten und Anfragen auf eine gesündere Weise zu begegnen. Jedes Mal, wenn
Sie eine Bitte abschlagen, nutzen Sie dies als eine Lernerfah-
rung, indem Sie darüber in Ihrem Notizbuch oder Tagebuch
schreiben.

Während Sie über das Ereignis nachdenken, fragen Sie sich:

* Was finde ich gut an dem, was ich getan habe?

* Welche Wörter habe ich benutzt, um meinen Standpunkt
  darzulegen? Was hat am besten funktioniert?

* Was würde ich beim nächsten Mal anders machen,
  wenn jemand eine Bitte an mich heranträgt?

Streben Sie danach, besser darin zu werden, die Wahrheit zu
sagen. Erinnern Sie sich:

* Nehmen Sie sich immer Zeit, bevor Sie antworten.

* Überprüfen Sie immer Ihr Bauchgefühl – seien Sie
  sich Ihrer Gefühle bewusst.

* Sagen Sie die Wahrheit mit Anstand und Liebe und
  klar und entschlossen.

Weiterführende Informationen

✻ Mein Buch *Stand Up for Your Life* – zeigt Ihnen, wie man Mut und Selbstvertrauen entwickelt, um Entscheidungen zu treffen, die Ihre Werte, Bedürfnisse und Wünsche würdigen.

✻ *My Answer Is No … If That's Okay with You: How Women Can Say No and (Still) Feel Good About It*, von Nanette Gartrell, M.D. – eine praktische Anleitung, um Grenzen zu setzen, ohne dass dabei wichtige Beziehungen in die Brüche gehen.

✻ *Offen gesagt! Erfolgreich schwierige Gespräche meistern*, von Douglas Stone, Bruce Patton und Sheila Heen – einer der besten Ratgeber, die ich gefunden habe, zum Thema Umgang mit Konflikten.

✻ SelfGrowth.com (**www.selfgrowth.com**) – die Website bietet wertvolle Informationen über persönliches Wachstum im Hinblick auf Erfolg, Beziehungen, Gesundheit, Geld, Spiritualität usw.

✻ Helpguide (**www.helpguide.org**) – bietet eine Fülle von Informationen darüber, wie Sie und Ihnen Nahestehende sich befähigen können, Lebensprobleme zu verstehen, zu verhindern und zu meistern.

DER
EINFLUSS VON
RHYTHMUS UND ROUTINE

Ich liebe den Ozean. Mein perfekter Tag besteht darin, am Strand auf den Wellen zu reiten, vorzugsweise am frühen Morgen oder kurz vor Sonnenuntergang, wenn das Licht wunderschön ist und die Menschenmassen sich lichten. Ich habe den Ozean schon immer, mein ganzes Leben lang geliebt. Einige meiner schönsten Erinnerungen handeln davon, mit meiner Familie in den Kombiwagen einzusteigen für eine lange Fahrt zum Strand, um dort den ganzen Tag mit Schwimmen, Spielen im Sand, Graben nach essbaren Muscheln oder dem Durchkämmen des Strandes nach Muschelschalen zu verbringen. Ich bin immer wieder von der Erhabenheit des Meeres, der geheimnisvollen unsichtbaren Welt darunter und dem beruhigenden rhythmischen Geräusch der Wellen begeistert.

Wie ich schon oft geschrieben und gesagt habe, ist der Strand der Ort, an den ich gehe, um geistige Gesundheit, Kraft und spirituelle Verbundenheit zu finden. Ein ruhiger meditativer Spaziergang am Wasser klärt meinen Kopf, hebt meine Stimmung und gewährt mir Zugang zu Weisheit und Einsicht, statt den törichten Grübeleien meines denkenden Geistes. Ich gehe auch dorthin, um mich mit Gott stärker verbunden zu fühlen, den Sehnsüchten meiner Seele und dem, was ich benötige, um ein authentisches, leidenschaftliches Leben zu führen. In vielerlei Hinsicht ist der Ozean meine Kirche.

Im Laufe der Jahre habe ich viel darüber nachgedacht, was Menschen ans Meer zieht. Ich bin an Hunderten von Männern und Frauen vorbeigegangen, die, tief in Gedanken versunken, am Strand entlang liefen oder gingen. Ich habe mit Fremden dagestanden – strandliebende Brüder und Schwestern –, um zuzusehen, wie in einem Wintersturm über sechs Meter hohe ungestüme Wellen an den Strand klatschten. Und ich bin unzählige Stunden mit Freunden und anderen Surfern in den Armen von Mutter Natur geglitten, Ausschau haltend nach der nächsten großen Welle. Für mich symbolisiert der Ozean Stabilität, Kraft und ein Gefühl von Frieden und Wohlbehagen, das von den beständigen Gezeiten herrührt. Wenn ich Zeit am Strand und im Wasser verbringe, fühle ich mich wiederhergestellt, aufs Neue mit meinem Innersten verbunden und auf eine Weise geerdet, die sich auf mein ganzes Alltagsleben auswirkt.

◌◌ ◌◌ ◌◌

Wiederholung und Rhythmus haben etwas Heilsames an sich, und wenn ich dies in meinem Alltag erfahre, fühle ich mich zentriert und im Gleichgewicht. Daran wurde ich in einer Zeit erinnert, in der ich mich arbeitsmäßig besonders überlastet fühlte. Ich jonglierte mit mehreren großen Projekten, und jeder Tag kam mir vor wie ein langer, frustrierender Versuch, die wichtigen Dinge in Angriff zu nehmen, die ich wirklich tun wollte. Verpflichtungen, E-Mails, Telefonate oder Anfragen beanspruchten so viel Zeit, dass ich am Ende meines Arbeitstages keine Zeit mehr für mich hatte. Deprimiert darüber, dass alles außer Kontrolle geriet, beschloss ich, das Problem mit einer einfachen, aber wirksamen Coaching-Technik anzugehen.

Ich saß ruhig da, holte ein paarmal tief Luft und stellte mir folgende Frage: »Welche *eine* Maßnahme kann ich ergreifen, um meine Zeit besser zu nutzen, sodass ich den Grund dafür, mich so überlastet zu fühlen, vollkommen beseitige?«

Nachdem ich ein paar Minuten gewartet hatte, kam mir ein überraschender Gedanke: Geh jeden Tag um elf Uhr abends schlafen und stehe um sieben Uhr morgens auf. Keine Antwort, die ich erwartet hatte. Seit geraumer Zeit waren meine

Schlafenszeiten aufgrund von Reisen unregelmäßig. Ich reagiere empfindlich auf Jetlag und bleibe außerdem gern lange auf, wenn die Welt still genug zu sein scheint, um wichtige Projekte fertigzustellen, ohne unterbrochen zu werden. Das wäre ja auch alles schön und gut, wenn die Tatsache nicht wäre, dass mein Zeitplan es oft erforderlich macht, für Besprechungen zu früher Stunde auf zu sein. Der Raubbau, den ich mit meinen Kräften trieb, hatte mich gereizt, nervös und wütend (sowohl auf mich als auch auf die Situation) werden lassen. Kein Wunder, dass ich mich überlastet fühlte.

Weil ich gelernt hatte, in solchen Situationen meinem Bauchgefühl zu vertrauen, beschloss ich, meine Schlafenszeiten einen Monat lang zu ändern, um zu sehen, wie sich das auf mein Leben auswirken würde. Schon am nächsten Tag, als ich um 7:30 Uhr in meinem Büro saß, fühlte ich mich besser. Die Energie des frühen Morgens hat etwas Stimulierendes, fast Magisches an sich. Ich liebe die Ruhe und Friedlichkeit, und das Licht der aufgehenden Sonne beflügelt meine Kreativität.

Einen Monat später, in einer Zeit, in der ich nicht auf Reisen ging, stellte ich fest, dass durch das Festhalten an meiner neuen Routine mein Leben mehr Rhythmus hatte und im Fluss war, und es fühlte sich gut an. Ich war tagsüber produktiver und energiegeladener, um nicht zu sagen, fokussierter, und meine Stimmung spiegelte das Gleichgewicht und die Beständigkeit wider, die ich in meinem Leben geschaffen hatte. Und schon bald fiel es mir leicht, mehr Zeit auf die Dinge zu verwenden, die mir am wichtigsten waren.

Die Wellen des Lebens reiten

Man erntet reichen Lohn, wenn man wellenartige Rhythmen und Routinen findet, und das kann sogar ein erstaunlich wirkmächtiger Akt der Extreme Self-Care sein. Routine trägt zur Stabilität in unserem Leben bei und hilft uns, uns sicherer zu fühlen. Obendrein sorgt sie für dringend benötigte Entlastung von der gedanklichen Bewältigung allzu vieler Aufgaben.

Wenn Sie innehalten, um darüber nachzudenken, werden Sie wahrscheinlich feststellen, dass Sie bereits einige Routinen festgeschrieben haben, beispielsweise:

- Sie treffen Ihre Freunde wöchentlich zu einem Fußballspiel.

- Sie gehen regelmäßig zum selben Friseur.

- Jeden Tag zur selben Zeit bringen Sie Ihre Kinder ins Bett und wecken sie.

- Jeden Montag, Mittwoch und Freitag gehen Sie ins Fitnessstudio.

- Ihre Arbeitsbesprechungen planen Sie jede Woche zur selben Zeit.

- Jeden Tag zur selben Zeit gehen Sie mit Ihrem Hund spazieren oder füttern die Katze.

Diese Routinen werden zu den Rhythmen, nach denen Sie leben und Ihr Leben planen. Und die Vorteile wirken sich auf Sie oft auf eine unerwartete Weise aus. Wenn Sie beispielsweise jeden Tag zur selben Zeit ins Bett gehen und wieder aufstehen, unterstützen Sie das Adrenalinsystem Ihres Körpers, denn Ihre Hormone bleiben stabil und in Balance. Ein ausgeglichener Körper hilft Ihnen, einen ausgeglichenen Geist hervorzubringen. Als Folge beginnen Frieden und Ordnung das Chaos und die fieberhafte Energie eines hektischen Lebens zu ersetzen. Sich mit Freunden jede Woche zur selben Zeit zu treffen – sei es das Mittagessen mit Mitarbeitern oder das Training mit Ihren Kumpels im Fitnessstudio –, beschert Ihnen ein bedeutungsvolles und erfüllendes Zugehörigkeits- und Gemeinschaftsgefühl.

Denken Sie an die Zyklen der Natur: Jahreszeiten wechseln, die Sonne geht jeden Tag auf und unter, und Ebbe und Flut kommen und gehen. Leider werden unsere natürlichen menschlichen Rhythmen zu oft durch unser hektisches Leben unterbrochen. Wir essen zu jeder Tages- und Nachtstunde. Wir bekommen selten genug Schlaf. Und wir sind von Lärm abgelenkt, der regelmäßige ungestörte Zeiten nahezu unmöglich macht, Zeiten, die es uns erlauben, unsere Energie und unsere Aufmerksamkeit auf eine einzige Sache zu fokussieren. Wenn wir nicht in unserem natürlichen »Flow« sind, kommen unser Geist und unser Körper durcheinander, was jede Menge Probleme verursachen kann. Beispielsweise wird unsere Konzentrationsfähigkeit gestört, unsere Stimmungen wechseln drastisch im Laufe des Tages, unser Energielevel schwankt, unser natürlicher Verdauungs- und Ausscheidungsprozess wird gestört oder beeinträchtigt.

Eine ausgeglichenere und gesündere Routine einzuführen kann bedeuten, dass man eine der folgenden Aktivitäten jeden Tag zur selben Zeit durchführt:

✻ Ins Bett gehen

✻ Aufstehen

✻ Sport treiben

✻ Meditieren

✻ Frühstücken, Mittagessen und/oder Abendessen

✻ Mit Ihrem Haustier spielen oder spazieren gehen

✻ In ein Tagebuch oder Notizbuch schreiben

✻ Spazieren gehen

✻ Zeit mit einer nahestehenden Person verbringen

Routinen am Arbeitsplatz zu etablieren ist ebenfalls eine sehr wirkungsvolle Möglichkeit zur Steigerung der Leistung und Produktivität. Aktivitäten jede Woche zur selben Zeit festzulegen – Besprechungen, ungestörte Arbeitszeiten oder Kundenbesuche – bringt einen Ordnungssinn hervor, der dem Geist zu einer dringend benötigten Pause verhilft. Planen Sie regelmäßige Zeiten ein, in denen Sie nicht gestört werden, damit Sie Ihre Arbeit ohne energieraubende Ablenkungen erledigen können.

Weitere Möglichkeiten, neue Rhythmen am Arbeitsplatz einzuführen, sind:

✻ sich jeden Morgen etwas Zeit zu nehmen, um Ihren Tag zu planen, statt sich einfach hineinzustürzen

✻ Sprachnachrichten oder E-Mails zu festgelegten Zeiten im Laufe des Tages zu überprüfen

❧ wöchentliche Besprechungen zur selben Zeit anzuberaumen (auf diese Weise profitieren auch Angestellte von dem positiven Einfluss der Routine!)

❧ sich 20 Minuten Zeit zu nehmen, bevor Sie heimgehen, um ein paar offene Probleme des Tages zu lösen

Wenn Sie zurzeit das Gefühl haben, nicht organisiert oder geerdet zu sein, stehen die Chancen gut, dass der innere Frieden, nach dem Sie sich sehnen, von Ihrer Fähigkeit abhängt, einen natürlichen Rhythmus in Ihr Leben einzuführen. Auf geht's!

Extreme-Self-Care-Herausforderung: Finden Sie Ihren Rhythmus und Ihre Routine

In diesem Monat geht es darum, den Einfluss von Rhythmus und Routine zu erfahren. Setzen Sie sich erst einmal ruhig hin und holen Sie ein paarmal tief Luft.

Dann stellen Sie sich folgende Frage: »Welche Routine, die mein Leben am nachhaltigsten verbessern würde, könnte ich in diesem Monat einführen?«

Achten Sie auf den ersten Gedanken, der Ihnen in den Sinn kommt (vor allem wenn es etwas ist, was Sie gern ignorieren würden). Sobald Sie wissen, um welche Routine es sich handelt, notieren Sie sie sich auf eine 7,4 x 10,5 cm große Karteikarte. Diese bewahren Sie so auf, dass Sie sie den ganzen Monat immer im Blick haben, damit Sie an Ihre Verpflichtung erinnert werden.

Als Nächstes erstellen Sie einen Plan, um diese Routine in den nächsten 30 Tagen festzuschreiben. Wenn Sie beispielsweise beschließen, morgens zehn Minuten zu meditieren, lassen Sie die Familienmitglieder wissen, dass Sie in dieser Zeit nicht gestört werden wollen. Oder wenn Sie vorhaben, am Arbeitsplatz Rückrufe zwischen 14 und 16 Uhr zu erledigen, sorgen Sie dafür, dass die entsprechenden Leute Bescheid wissen (wie etwa Mitarbeiter, Kunden etc.).

Nehmen Sie sich nach einer Woche mit Ihrer neuen Routine etwas Zeit, um darüber nachzudenken, wie sie Ihr emotionales und physisches Wohlbefinden beeinflusst hat. Beantworten Sie dazu die folgenden Fragen:

* Sind Sie entspannter?

* Fühlen Sie sich weniger überlastet?

* Sind Sie produktiver?

* Scheint Ihr Leben mehr im Gleichgewicht zu sein?

Festigen Sie Ihre neue Gewohnheit, indem Sie den ganzen Monat hindurch positive Resultate in Ihr Notizbuch oder Tagebuch notieren.

Weiterführende Informationen

❋ *SonicAid: Scientifically Designed Music to Help You Live Better* (4-CD-Set), von Dr. Lee Bartel (erhältlich über **www.brookstone.com**) – wunderschöne Musik für einen erholsamen Schlaf, Konzentration, Kreativität und Entspannung.

❋ *Chicken Soup for the Ocean Lover's Soul: Amazing Sea Stories and Wyland Artwork to Open the Heart and Rekindle the Spirit*, zusammengestellt von Jack Canfield, Mark Victor Hansen und Wyland – Geschichten aus aller Welt, die die Magie des Ozeans zelebrieren.

❋ *Chicken Soup for the Beach Lover's Soul: Memories Made Beside a Bonfire, on the Boardwalk, and with Family and Friends*, zusammengestellt von Jack Canfield, Mark Victor Hansen, Patty Aubery und Peter Veqso – ein Band voller Erinnerungen an besondere Augenblicke, die von jedem geschätzt werden, der vom Zauber des Meeres gefesselt ist.

❋ *The Harvard Medical School Guide to a Good Night's Sleep,* von Lawrence Epstein, M.D., mit Steven Mardon – eine Sechs-Schritte-Anleitung zur Überwindung von Schlafstörungen.

NEHMEN SIE
DIE HÄNDE VOM STEUER

Es fing alles mit der Spülmaschine an. Nachdem ich mich ordentlich ausgeschlafen hatte, ging ich eines Morgens in die Küche, um mir eine Tasse Tee zu machen. Dort war mein Mann gerade damit beschäftigt, schmutzige Teller in die obere Ablage einzuräumen. Ich stand still da, registrierte vor allem, wie er sie »hineinwarf«, ohne sich darum zu scheren, wie sie gestellt waren. Sobald er damit fertig war und sich mit ziemlicher Sicherheit in seinem Büro befand, ging ich – ganz genau wissend, dass die Spülmaschine *richtig* beladen sein muss – hinüber, öffnete sie und räumte die Teller neu ein.

Just in diesem Moment kam Michael in die Küche zurück. »Was machst du da?«, fragte er.

»Nichts«, erwiderte ich mit einem schuldbewussten Blick.

»Jetzt mal im Ernst, was machst du da?«, fragte er nach.

Ich erklärte schnell, wie wichtig es sei, das Geschirr auf eine bestimmte Weise in die Spülmaschine einzuräumen, damit es wirklich ordentlich gereinigt wird.

Bevor ich mein eingespieltes Argument beenden konnte, rief er: »Das ist lächerlich! Sie werden sauber, egal wie man sie hineinstellt. Warum sagst du nicht einfach die Wahrheit? Weil ich es nicht auf *deine* Weise gemacht habe, musst du es nun wieder ändern.«

Ich fühlte mich wie ein kleines Mädchen, das beim Stehlen von Süßigkeiten im Tante-Emma-Laden erwischt worden war. Ich stand da, Kopf gebeugt, und starrte auf meine Pantoffeln.

»Cheryl, was glaubst du, was mir durch den Kopf geht, wenn ich in die Küche komme und sehe, dass du das, was ich gemacht habe, noch mal machst?«

Ich schaute mit einem einfältigen Grinsen auf.

»Ich denke dann: *Warum soll ich mich überhaupt bemühen? Es ist nie richtig, und sie wird es sowieso noch mal machen*«, erklärte

Michael. »Ich helfe dir also nicht, und schließlich beklagst du dich, dass du nie die Unterstützung bekommst, die du brauchst. Statt meine Hilfe *anzunehmen*, kritisierst du sie.«

Autsch. Ich hasse es, wenn man der Person, die einen besser kennt als sonst jemand auf der Welt, direkt gegenübersteht und sich nirgendwo verstecken kann. Michael hatte recht – ich war ein Kontrollfreak.

Wie es bei so vielen Frauen der Fall ist, bin ich standardmäßig so eingestellt, dass ich das Kommando haben will, indem ich alles selbst erledige. Und im Laufe der Zeit verwandelt sich diese »Ich mach es selbst«-Mentalität in »Hi, ich bin der Generaldirektor des Universums, und du musst das auf meine Weise und in der mir genehmen Zeit machen, um mich bei Laune zu halten«. Was daraus folgt, ist nicht schön. Irgendwann trage ich stolz den Umhang der Märtyrerin, und alle zahlen den Preis. Ich werde zickig und giftig und letzten Endes fühle ich mich schrecklich allein.

Wenn es etwas gibt, womit ich im Laufe der Jahre am meisten zu kämpfen hatte, während ich hart daran gearbeitet habe, eine bewusstere Frau zu werden, dann ist es das Bitten um Hilfe *und* das Annehmen von Hilfe. Und in diesem Augenblick, mit meinem Mann in der Küche stehend, bekam ich in diesem Fach zwangsläufig ein »Ungenügend«.

⊗⊙ ⊗⊙ ⊗⊙

Es gibt viele Gründe, warum wir nicht um Hilfe bitten. Zunächst einmal spielen diejenigen von uns, die gern der Boss sind, diese Rolle normalerweise schon seit sehr langer Zeit. Folglich kommt es uns nicht einmal in den Sinn, zu fragen. Ein weiterer Grund ist der vermeintliche Preis. Wenn ich mit anderen darüber rede, warum sie nicht um Hilfe bitten, höre ich folgende Argumente:

* »Ich möchte nicht schwach erscheinen.«

* »Es erfordert zu viel Energie, zu erklären, was ich brauche, und darum bemühe ich mich nicht darum.«

* »Ich hasse es, enttäuscht zu werden, wenn Leute die Sache dann nicht zu Ende bringen.«

* »Es ist mir zu viel Aufwand, mich mit Familienmitgliedern auseinanderzusetzen, die sich dagegen sträuben, mir zu helfen.«

* »Ich möchte kein Nein hören.«

* »Ich möchte nicht in jemandes Schuld stehen.«

* »Wenn ich bei der Arbeit bin, weiß ich, dass ich es schneller, billiger und besser kann. Darum möchte ich weder Zeit noch Geld verschwenden.«

* »In meiner Familie wurde uns beigebracht, unabhängig zu sein, und ich bin zu stolz, jemandem Umstände zu bereiten.«

Wenn Sie genau hinschauen, werden Sie erkennen, dass alle diese Beispiele etwas gemeinsam haben, und zwar Kontrolle – der Wunsch, Konflikte oder Enttäuschung zu vermeiden, oder der Versuch, anderen ein falsches Bild von sich zu vermitteln, indem man nicht schwach erscheint. Und dann ist da noch der Gedanke, alles selbst erledigen zu wollen, damit man nicht in jemandes Schuld steht.

Langfristig kann das Bedürfnis, das Sagen zu haben und alles selbst zu erledigen, unvorhergesehene Konsequenzen haben. Ich lernte diese Lektion während eines Gesprächs mit meiner besten Freundin Max, einer Seelenschwester, die mich viel über die Führung eines spirituell gesunden Lebens gelehrt hat. Max, mit einer allzu bekannten und tragischen Situation konfrontiert, machte eine schwere Zeit durch: Ihrer Mutter wurde die Diagnose Demenz gestellt.

Bestimmt können sich viele Leser vorstellen (oder wissen es aus eigener Erfahrung), dass durch einen Elternteil mit Demenz das eigene Leben völlig aus dem Gleichgewicht gerät. Der Umgang mit dieser Diagnose erfordert ein enormes Maß an Energie – Behandlungsmöglichkeiten recherchieren, die richtigen Pflegekräfte aussuchen, einen geeigneten Pflegeplatz ausfindig machen oder sich um die Finanzen kümmern. Dazu kommt noch der emotionale Preis, wenn Sie mit der Tatsache konfrontiert sind, dass Sie für Ihren Vater/Ihre Mutter jetzt zum Vater beziehungsweise zur Mutter geworden sind.

Als wir über ihre Situation sprachen, sagte mir Max etwas sehr Wichtiges: »Mir ist jetzt klar geworden, warum wir die Kontrolle loslassen und anderen erlauben müssen, einen Teil der Verantwortung zu übernehmen, um gewisse Lebenssituationen zu bewältigen. Nach dem Tod meines Vaters vor vielen Jahren hatte meine ältere Schwester sich immer um die Pflege meiner Mutter gekümmert, und jetzt, da sie tot ist (Max hatte ihre einzige Schwester an Krebs verloren), muss ich ganz von vorne anfangen. Hätte meine Schwester die Last mit mir geteilt, hätte ich wertvolles Wissen und wertvolle Erfahrungen gewonnen, die es mir jetzt leichter machen würden, mit dieser Situation fertigzuwerden.«

Später an diesem Tag dachte ich über unser Gespräch nach und darüber, inwiefern es mein Leben betraf. Wo hielt ich an Kontrolle fest zum Nachteil anderer? Eine Antwort kam mir sofort in den Sinn. Da ich die Finanzen für meine Familie verwaltete, musste ich diese Aufgabe mit Michael teilen, sodass er sich ohne Umstände darum kümmern konnte, falls mir etwas zustoßen sollte.

Wie sieht es bei Ihnen aus? Wo halten Sie das Steuer fest umklammert? Womit würden sich andere schwertun, wenn Sie nicht mehr da sein würden, um sich selbst darum zu kümmern? Vielleicht ist es an der Zeit, damit anzufangen, mehr Aufgaben an die Personen zu delegieren, die Ihnen auf der Arbeit unterstellt sind. Oder es könnte klug sein, Ihre Neigung zu zügeln, andere übertrieben und auf kleinliche Weise zu kontrollieren, sodass sie sich für ihre Beiträge mehr geschätzt und anerkannt fühlen.

Wenn Sie die Kontrolle loslassen und anderen erlauben, das Steuer zu übernehmen, stärken Sie sie mental und bauen sie auf. Sie lehren sie, sich selbst zu vertrauen, einfallsreich zu werden und mehr Verantwortung für die Qualität ihres Lebens zu übernehmen. Das zu praktizieren ist ganz einfach.

Sie können beispielsweise Ihrem Kind erlauben, seine Anziehsachen für die Schule selbst herauszusuchen, zulassen, dass ein Freund beim Autofahren die Richtung bestimmt, ohne dazwischenzufunken, oder Aufgaben im Haushalt wie Wäschewaschen oder das Zubereiten von Mahlzeiten mit einem Teenager teilen. Sie könnten sogar noch anspruchsvollere Schritte in Betracht ziehen, beispielsweise eine Zeit lang Ihrem Partner die Finanzverwaltung überlassen oder darauf bestehen, dass ein Bruder oder eine Schwester sich an der Pflege der Eltern beteiligt.

Anderen erlauben, zu helfen, bedeutet, zu lernen, sich der Tatsache zu fügen, dass Fehler gemacht werden und dass Dinge nicht immer auf Ihre Art erledigt werden. Auf diese Weise lernen Menschen und entwickeln sich weiter. Und denken Sie doch mal darüber nach, wie Sie das, was Sie jetzt so gut beherrschen, gelernt haben. Aller Wahrscheinlichkeit nach haben auch Sie damals viele Fehler gemacht und mussten Ihren eigenen Weg finden. Wenn Sie daran gewöhnt sind, die Verantwortung zu tragen, müssen Sie weiterhin die Hände vom Steuer lassen, sobald Sie versucht sind, wieder das Heft in die Hand zu nehmen, vor allem, falls sich die Situation nicht nach Ihren Vorstellungen entwickelt. Lassen Sie andere eine Weile fahren – auch wenn sie einen anderen Weg einschlagen sollten.

Der Versuch, alles selbst zu erledigen in dem Bemühen, die Kontrolle zu behalten, hat noch andere Konsequenzen. Wir verletzen oft unsere wichtigsten Beziehungen. Wir werden mäkelig und herrisch gegenüber den Menschen, die wir lieben, bringen sie dazu, sich unzulänglich zu fühlen, frustriert oder unfähig, selbst die einfachsten Aufgaben zu bewältigen. Vielleicht betrachten wir Familienmitglieder als etwas allzu Selbstverständliches und setzen voraus, dass sie »noch eine Minute« warten, während wir etwas erledigen. Und im Laufe der Zeit verlieren wir die Lebenskraft, die wir benötigen, um mit unseren Partnern Spaß und körperliche Nähe zu erleben.

Sex und die Haushälterin

Mein Klient Jake war ein gescheiter und ehrgeiziger Typ. Er war seit mehr als zehn Jahren verheiratet und hatte zwei kleine Jungen und ein hektisches Privatleben. Seine Frau Emily leitete auch das Büro von Jakes Marketing-Beratungsfirma, die er zu Beginn ihrer Ehe gegründet hatte. Die beiden hatten eine tolle Beziehung ... das heißt, wenn sie Zeit füreinander finden konnten.

Während einer unserer Coaching-Sitzungen sprach Jake über die Frustration, die er empfand, nicht genügend schöne Stunden mit seiner Frau zu verbringen. »Ich habe so viel Arbeit in der Firma, und sie hat so viel damit zu tun, das Büro zu leiten, sich um das Haus zu kümmern, die Kinder zu ihren Unternehmungen zu fahren, dass wir uns wirklich selten sehen«, erzählte er mir.

Da ich ihn nicht das erste Mal so reden hörte, beschloss ich, ihn aufzufordern, etwas dagegen zu unternehmen. »Sagen Sie, Jake«, fragte ich ihn, »was könnten Sie Emily abnehmen, um ihr den Freiraum zu verschaffen, damit sie sich entspannter fühlt und mehr Zeit für Sie hat?«

Während er über meine Frage nachdachte, hatte ich schon eine Idee: »Warum engagieren Sie keine Haushälterin, die einmal die Woche kommt, um zu putzen und die Wäsche zu waschen? Das würde sie doch sicher entlasten.«

Jake stimmte zwar zu, dass es eine Last von den Schultern seiner Frau nehmen würde, glaubte aber nicht, dass sie mitmachen würde, denn »sie will, dass die Dinge auf ihre Weise erledigt werden, und es fällt ihr so schwer, die Kontrolle abzugeben«.

Damit kannte ich mich aus, also trieb ich es noch etwas weiter. »Nun, vielleicht sollten Sie auch noch daran denken: Möchten Sie mehr Sex haben?«

Ich lächelte, während ich beobachtete, wie sich meine Frage in seinem Gesicht abzeichnete. Einen Augenblick schaute er verlegen weg, und dann leuchteten seine Augen wie ein Weihnachtsbaum. »Natürlich!«, erwiderte er. »Würden das nicht die meisten Jungs wollen?«

»Dann tun Sie, was immer Sie tun müssen, um Emily davon zu überzeugen, eine Haushälterin einzustellen«, forderte ich ihn auf. »Erledigen Sie Aufgaben im Haushalt für sie. Besorgen Sie sich Empfehlungen von den Nachbarn, suchen Sie ein Dienstleistungsunternehmen, recherchieren Sie im Internet. Kümmern Sie sich einfach darum, jemanden zu finden, der gut ist, offen für Feedback und dem daran gelegen ist, zu helfen. Wenn Ihnen das gelingt, glauben Sie mir – werden Sie nicht nur mehr Zeit miteinander verbringen, sondern Sie werden auch eine größere Intimität und mehr Sex genießen.«

»Okay«, willigte Jake begeistert ein. »Ich bin dabei!«

Ich habe viele Frauen wie Jakes Frau kennengelernt, die sich überlastet und kaum unterstützt fühlen, und sie erzählen mir, dass Sex lediglich zu einem weiteren Punkt auf einer bereits langen To-do-Liste wird. Sie fühlen sich getrieben, Aufgaben in dieser Liste abzuhaken, damit sie sich entspannen können. Wenn sie sich dann schließlich bereit fühlen, sich zu entspannen, ist der Schlaf eine viel verlockendere Option.

Wenn Sie unter Zeitdruck stehen, mit Arbeit überlastet sind und sich mit Ihrem Elend allein fühlen, schalten Sie wiederholt das »Flucht oder Kampf«-System Ihres Körpers ein, das Ihren Cortisolspiegel erhöht. Dieser »Alarm-Modus« veranlasst Sie dazu, sich Sorgen zu machen, darüber zu grübeln, was als Nächstes erledigt werden muss, in einem chronischen Zustand der Angst und Unruhe zu leben. Können Sie sich vorstellen, die Freuden des Liebesspiels zu genießen, wenn Ihr Körper schreit: »Mach dalli! Ich habe noch eine Menge zu tun, bevor ich aufhören kann, mir über heute Sorgen zu machen, und anfangen muss, über morgen nachzudenken!«? Natürlich nicht. Sie sind zwar klar zum Gefecht, wohl wahr, aber nicht für die Art, die Intimität willkommen heißt.

Aber die Intimität, die von einer starken, gesunden Beziehung herrührt, ist ein wichtiger Bestandteil der Extreme Self-Care. Wir alle brauchen körperliche Nähe, um uns mit unseren Partnern tief verbunden zu fühlen. Wenn also ein Mangel an Sex oder körperlicher Liebe ein Thema in Ihrer Beziehung ist, dann sollten Sie als eine der ersten Maßnahmen die weniger wichtigen Aufgaben des Lebens delegieren und zulassen, dass Ihr Körper sich entspannt. Engagieren Sie jemanden, der Ihr Haus putzt oder die Einkäufe erledigt. Meinen Klienten, die sich nach Zuwendung sehnen, sage ich immer, dass sie, wenn sie wollen, dass eine Frau näher heranrückt, ihr etwas abnehmen müssen. Wie eine gute Freundin mir erzählte: »Wenn mein Mann überall im Haus staubsaugt, ist das sozusagen das Vorspiel.«

Einige Wochen nach meinem Gespräch mit Jake trafen wir uns zum Frühstück, um mich auf dem Laufenden zu halten. Mein Klient hatte seine Hausaufgabe erledigt, und er und seine Frau hatten tatsächlich eine hervorragende Haushälterin gefunden, die schließlich auch noch ab und zu auf ihre Kinder aufpasste. »Jetzt, da Sie mehr Zeit füreinander haben, haben Sie denn auch viel Spaß?«, erkundigte ich mich.

»Darauf können Sie wetten!«, sagte er mit einem verschlagenen Grinsen.

Loslassen

Nach jahrelangen Streitereien um Haushaltspflichten entwickelten mein Mann und ich eine Strategie, die es mir ermöglichte, die Kontrolle loszulassen, sodass ich die Unterstützung bekommen konnte, die ich brauchte. Ich erstellte am Computer ein Formular, das ich mit »Dinge, die du tun kannst, um mich zu unterstützen« betitelte. Am Ende des Tages hatte ich verschiedene Dinge aufgelistet, zu denen ich keine Lust hatte oder zu denen ich nicht gekommen war. (Die Liste beendete ich immer mit folgendem Eintrag: »Gib mir einen Kuss, wenn du ins Bett kommst.«) Weil Michael eine Nachteule ist, nahm er die To-do-Liste gewöhnlich in Angriff, wenn ich schon schlief.

Ich erinnere mich noch an den ersten Morgen, als ich aufwachte und in mein Büro ging. Auf meinem Schreibtisch lag die Liste, und alle Aufgaben waren abgehakt. *Klar doch*, dachte ich mir, *wir werden ja sehen, wie lange das anhält.*

Immer wenn ich im Laufe der folgenden paar Monate meinem Mann eine Liste zurückgelassen hatte, stellte ich am nächsten Morgen nach dem Aufwachen fest, dass sie abgehakt war oder eine Erklärung enthielt, warum er eine Aufgabe noch nicht erledigt hatte. Ich war verblüfft, dass eine solch strittige Angelegenheit zwischen uns mit einer einfachen Liste beigelegt worden war.

Als ich diese Tatsache zur Sprache brachte, meinte Michael: »Jahrelang habe ich dir gesagt, du sollst solche Sachen aufschreiben, aber du hast mir nie zugehört. Ich kann deine Gedanken nicht lesen, Cheryl, und ich kann mit einem Plan einfach besser arbeiten. Wenn du mir eine Liste dalässt, weiß ich, dass du Hilfe brauchst, es ermöglicht mir, etwas beizutragen, und es gibt mir das Gefühl, etwas geleistet zu haben. Ich war so daran gewöhnt, dass du alles selbst erledigst, dass ich wirklich nie wusste, wann du Hilfe brauchtest, ganz zu schweigen davon, was getan werden musste. Jetzt bin ich erleichtert, etwas tun zu können, *bevor* du überlastet oder ärgerlich wirst. Vertrau mir, so ist es viel besser für unsere Beziehung.«

Sein letztes Argument war entscheidend. Nun, da wir ein System hatten, um mir die Unterstützung angedeihen zu lassen, die ich benötigte, konnte ich niemandem die Schuld geben außer mir selbst, wenn ich plötzlich ärgerlich wurde. Sobald Michael mich klagen hörte, was ich alles noch zu tun hätte, war seine Antwort stets: »Wo ist die Liste?« Ich kann Ihnen gar nicht sagen, wie viele Male ich mich meinem kontrollierenden »Lone Ranger«-Verhalten stellen musste. Warum hatte ich keine Liste geschrieben? Warum bat ich nicht um Hilfe, bevor ich sie ganz dringend benötigte?

Ob Sie nun einen Partner oder Ehegatten, Ihre Kinder oder einen Mitarbeiter um Hilfe bitten, wenn Sie lernen, eine »Dinge, die du tun kannst, um mich zu unterstützen«-Liste zu erstellen, werden Sie es sich zwangsläufig angewöhnen, darüber nachzudenken, wo und wann Sie Hilfe brauchen, *bevor* Sie das Gefühl haben, gleich den Verstand zu verlieren.

Die Kunst zu beherrschen, Kontrolle loszulassen und Hilfe anzunehmen, ist aus mehreren Gründen wichtig:

1. Sie können unmöglich ein Leben der Extreme Self-Care ohne den Beistand anderer führen. Das Leben wird einfach immer hektischer und komplizierter, und je mehr Sie versuchen, alles selbst zu erledigen, umso erschöpfter und verbitterter werden Sie auch sein.

2. Ihre Verbitterung darüber, alles selbst erledigen zu müssen, wird nach und nach an Ihren wichtigsten Beziehungen nagen.

3. Ihre Kinder müssen lernen, wie man um Hilfe bittet, und diese Fähigkeit bringen Sie ihnen am besten dadurch bei, dass Sie ihnen Vorbild sind.

4. Es ist großartig, Wohlstand mit anderen zu teilen. Wenn Sie jemanden beschäftigen – sei es eine Haushälterin, einen Assistenten, einen Anstreicher oder einen Klempner –, denken Sie daran, dass Sie für das Einkommen einer anderen Familie sorgen.

Woher wissen Sie also, wann Unterstützung längst überfällig ist? Hier sind ein paar Warnsignale:

* Sie hören sich selbst ständig darüber klagen, wie viel Sie zu tun haben.

* Sie haben das Gefühl, als würde das Gewicht der Welt auf Ihren Schultern lasten.

* In Ihren Fantasievorstellungen packen Sie eine Tasche und verschwinden auf die nächste einsame Insel.

* Aus heiterem Himmel fangen Sie an zu weinen (oder Ihnen ist danach zumute, sich auszuheulen).

* Sie fangen an, leblose Gegenstände anzuschreien oder Autofahrer vor Ihnen, die sich an die Geschwindigkeitsbegrenzung halten.

❋ Sie sind so erschöpft, dass sich allein der Gedanke,
   sich die Zähne zu putzen, nach zu viel Arbeit anfühlt.

Dies sind Hinweise darauf, dass Sie jemanden brauchen, an den
Sie sich anlehnen können – *jetzt*. Natürlich weiß ich, dass es
schwer ist, um Hilfe zu bitten und sie anzunehmen. Viele von
uns verwenden dieselben Argumente: »Niemand kann das besser als ich.« »Es dauert zu lange, zu erklären, was erledigt werden muss.« »Es ist halt einfacher, wenn ich es selbst mache.«
Und obwohl ich solche Ausreden selbst benutzt habe, habe ich
auch gelernt, mich daran zu erinnern, dass zu viel auf dem
Spiel steht. Die Qualität meines Lebens steht im direkten Zusammenhang zu der Qualität dessen, wie präsent ich in meinem Leben bin, und das ist viel wichtiger, als irgendeine Aufgabe auszuführen.

   Aber seien Sie gewarnt! Wenn wir uns schließlich dafür entscheiden, das Steuer loszulassen und die Hilfe anderer zuzulassen, kann es ziemlich komisch sein, zu sehen, wie wir uns selbst
daran hindern, sie dann auch anzunehmen. Vielleicht bitten Sie
Ihren ausgelasteten Bruder, die undichte Stelle in Ihrem Keller
zu beheben. Er verspricht auch ständig, sich dieses Problems
anzunehmen, obwohl Sie wissen, dass er nie dazu kommen
wird. Auf diese Weise können Sie sagen: »Sehen Sie, niemand
erledigt das für mich.« Oder vielleicht erwarten Sie von einem
Assistenten, den Sie gerade erst eingestellt haben, dass er alles
perfekt beherrscht, und beobachten ihn schließlich mit Argus-
augen und fallen sofort über einen Fehler her, sodass Sie Ihre
Bestätigung haben. Ich habe das bei einer Freundin erlebt, die
widerwillig eine Haushälterin eingestellt hatte. Diese putzte
nicht so, wie es meine Freundin wollte, und statt ihr zu erklären, was sie ändern sollte, kündigte sie ihr einfach. Es war viel

einfacher, auf die Überzeugung zurückzugreifen, dass niemand es besser könnte als sie selbst, statt sich ihrer Angst davor zu stellen, um das zu bitten, was sie brauchte.

In dieser Phase des Spiels besteht der einzige Weg, sich ein erfolgreiches Leben zu schaffen, das auf Ihren Werten und tiefsten Sehnsüchten beruht (ganz zu schweigen davon, der einzige Weg, um sich Ihre geistige Gesundheit zu bewahren), darin, Ihre Hände vom Steuer zu nehmen und die Kunst zu erlernen, um Hilfe zu bitten und sie anzunehmen. Sie können nicht Ihr Zuhause in Schuss halten, Ihren persönlichen Bedürfnissen nachkommen, für Ihre emotionale und physische Gesundheit sorgen, in Ihrem Beruf erfolgreich oder die Mutter beziehungsweise der Vater sein, die oder der Sie gern sein wollen, ohne von anderen unterstützt zu werden. Punkt.

Extreme-Self-Care-Herausforderung: Lernen Sie, um Hilfe zu bitten und Hilfe anzunehmen

Okay, es ist an der Zeit, sich die Aufgabe dieses Monats vorzunehmen. Es geht darum, dass Sie sich darin üben, loszulassen, sodass andere das Steuer übernehmen können. Die »Dinge, die du für mich tun kannst, um mich zu unterstützen«-Liste dient uns als eine Strategie, um diese Fähigkeit zu erlernen.

Suchen Sie sich einen Bereich in Ihrem Leben heraus, sei es in Ihrem Privat- oder Ihrem Berufsleben, in dem Sie die meiste Hilfe gebrauchen könnten.

Dann wählen Sie die Person (oder Personen) aus, von der Sie Hilfe erhalten möchten, und erklären ihr, wie die Liste funktioniert. Lassen Sie diese Person nun wissen, dass Sie bereit sind, die Kontrolle loszulassen, und gern von ihr unterstützt werden möchten.

Besprechen Sie miteinander, wie Sie mit der Liste arbeiten werden, und berücksichtigen Sie dabei die folgenden Aspekte:

* Wie viele Aufgaben wird Ihre Liste enthalten?

* Wo werden Sie sie hinterlegen?

* Bis wann möchten Sie diese Aufgaben erledigt haben?

* Was sollte die Sie unterstützende Person tun, wenn sie einen Termin nicht einhalten kann?

* Wer wird letzten Endes darüber bestimmen, falls zusätzliche Hilfe notwendig ist?

Sobald Sie anfangen, mit der Liste zu arbeiten, denken Sie daran, Ihrer Unterstützungsperson die Erlaubnis zu geben, Sie wissen zu lassen, falls Sie versuchen sollten, wieder die Kontrolle an sich zu reißen – wenn Sie sich beispielsweise daranmachen, etwas zu tun, worum Sie sie eigentlich gebeten haben, oder wenn Sie sich einmischen.

Es ist außerdem sehr wichtig, sie Fehler machen zu lassen. Haben Sie immer vor Augen, dass etwas nicht falsch sein muss, nur weil es nicht auf Ihre Weise erledigt wird. Und natürlich werden Fehler gemacht werden, aber diese werden selten lebensbedrohend sein. Wenn man Menschen Luft zum Atmen lässt, holen sie im Allgemeinen das Beste aus sich heraus, um die anstehende Aufgabe zu bewältigen.

Viel Glück!

Weiterführende Informationen

❋ Beliefnet (**www.beliefnet.com**) – eine Website, die Besuchern hilft, einen spirituellen Weg zu finden und zu beschreiten, der ihnen Trost, Hoffnung, Klarheit, Kraft und Glück bringt. Großartige religiös inspirierte Informationen für Zeiten, in denen Sie loslassen und darauf vertrauen müssen, dass alles gut wird.

❋ Assist U (**www.assistu.com**) – Stacy Brice, ein Vorkämpfer, der den Beruf der »virtuellen Assistenten« (oder Vas) erfunden hat, bietet auf seiner Website Schulungsprogramme für Vas an sowie eine Suchfunktion, um seinen eigenen virtuellen Assistenten zu finden.

❋ *Mayday!: Asking for Help in Times of Need*, von M. Nora Klaver – beschäftigt sich damit, warum wir nicht um Hilfe bitten, warum wir es tun sollten und wie man das macht.

❋ *Help Is Not a Four-Letter-Word: Why Doing It All Is Doing You In*, von Peggy Collins mit Deborah Saverance – zeigt Ihnen, wie Sie die Anzeichen von Burnout erkennen, die Ansprüche, die Sie sich selbst auferlegen, reduzieren und anfangen, sich an Ihrer Arbeit, Ihrer Familie und Ihrem Leben zu erfreuen.

❋ Merry Maids (**www.merrymaids.com**) – wenn Sie bereit sind, eine Haushälterin zu engagieren, bietet diese Website großartige Mittel und Wege.

DIE LISTE
DER ABSOLUTEN NEINS

Seit der Veröffentlichung meines ersten Buches *Take Time for Your Life* werde ich oft als Expertin für Work-Life-Balance bezeichnet – ein Live-Coach, der Leuten hilft, in ihrem hektischen Leben nicht den Verstand zu verlieren. Folglich fragen mich Leute, die sich überarbeitet fühlen, überlastet oder unter Druck, sie in Zeitmanagement-Geheimnisse oder bessere Organisationsstrategien einzuweihen, damit sie ihre chaotischen Terminpläne in den Griff bekommen. Meine Antwort darauf lautet immer gleich: »Aus einer verrückten Situation kann nichts Vernünftiges entstehen.«

Die Wahrheit ist nämlich: Wenn Ihr Leben chaotisch ist, Ihr Terminkalender überfüllt und Ihr Gehirn zu voll, um einen klaren Gedanken zu fassen, hat der Schlüssel dazu, Ihr Leben zurückzugewinnen, mehr damit zu tun, was Sie aus Ihrem Leben *entfernen*, als damit, wie Sie es organisieren. Und eingedenk dessen, was ich erlebe, müssen die meisten Menschen für den Anfang mindestens 30 Prozent von dem, was sie am Hals haben, beseitigen.

In meinem ersten Buch stellte ich das Konzept der Extreme Self-Care vor, mit dem mich Thomas Leonard vor vielen Jahren bekannt gemacht hatte. Eine der unmittelbarsten Möglichkeiten, die Wirkungen dieses Fürsorgeniveaus wahrzunehmen, besteht darin, sich kritisch damit auseinanderzusetzen, worin Sie Ihre kostbare Zeit und Energie investieren. Aus diesem Grund bot ich in dem Buch eine Übung an, die sogenannte »Absolute-Jas-Liste«, die bei Lesern recht beliebt wurde. Ich bat sie, sorgfältig über ihre Topprioritäten nachzudenken, beispielsweise ihre emotionale, körperliche oder geistige Gesundheit; ihre Kinder und andere bedeutungsvolle Beziehungen; Gemeindedienst, Arbeitsprojekte und so weiter.

Sobald die Leser bestimmt hatten, was am meisten ihrer
unmittelbaren Aufmerksamkeit bedurfte, sollten sie ihre sieben
Topprioritäten wählen – die Dinge, denen sie über einen drei-
bis sechsmonatigen Zeitraum ihre Zeit und Aufmerksamkeit
widmen würden. Diese sieben Prioritäten sollten sie dann auf
eine 7,4 x 10,5 cm große Karteikarte notieren, die sie immer
im Blick haben konnten. Indem die Leser sich auf ihre Liste der
»Absoluten Jas« beriefen, stellten sie sicher, ihre kostbare Zeit
und Energie in erster Linie den Dingen zu widmen, an denen
ihnen am meisten lag.

Im Laufe der Jahre musste ich oft verwundert feststellen, dass
die meisten Leute es versäumten, sich selbst auf die Liste zu
setzen – das heißt, der Fürsorge für sich selbst Priorität einzuräumen. Einmal wurde ich sogar während *The Oprah Winfrey
Show* von Zuschauern ausgebuht, als ich empfahl, dass Mütter
ihre Self-Care ganz oben auf ihre Liste setzen müssten – noch
vor den Bedürfnissen ihrer Kinder. Ich konnte ihre Reaktion
zwar nachvollziehen, wusste aber auch aus meinen Coaching-
Erfahrungen, dass es schmerzliche Folgen nach sich zog, von
einer Mutter aufgezogen zu werden, die ihre Bedürfnisse ver-
nachlässigte – und infolgedessen oft innerlich vor Wut tobte
angesichts ihrer unerfüllten Bedürfnisse.

Die Folgen, von jemandem großgezogen zu werden, der solche unterdrückten Gefühle hegt, sind überall zu erkennen, ob
nun jemand Angst davor hat, erfolgreicher zu sein als die Mutter oder der Vater, an Konfliktphobie leidet oder harmonie-
süchtig ist. Und durch dieses fehlende Modelllernen von guter
Self-Care wird eben das Vermächtnis des Mangels fortgesetzt.
Ich habe einen weiten Weg zurückgelegt, um die Botschaft
weiterzugeben, dass das größte Geschenk, das eine Mutter einem Kind machen kann, darin besteht, ihre Bedürfnisse zur

Toppriorität zu erheben. Wir müssen für immer mit dem Gedanken »Self-Care ist egoistisch« abschließen.

෨෨ ෨෨ ෨෨

Nach der Veröffentlichung von *Take Time for Your Life* fand ich heraus, dass die »Absolute Jas«-Liste viele Menschen dazu inspirierte, einschließlich mich selbst, diese Übung noch auf andere Weise anzuwenden – indem man sich in Entscheidungsfindungsprozessen die Frage stellte: »Ist das ein absolutes Ja?« Im Laufe der Zeit wurde sie für mich zur Gretchenfrage bei allen möglichen Entscheidungen: wenn es darum ging, einen Vortragstermin anzunehmen oder nicht, einen neuen Mitarbeiter zu engagieren oder sogar ein Restaurant auszuwählen. Wenn es kein absolutes Ja war, dann war es ein Nein.

Von der nächsten Entwicklungsphase dieser Liste handelt dieses Kapitel. Ja, es ist wichtig zu wissen, was ein absolutes Ja ist – aber es ist genauso wichtig zu wissen, was ein absolutes Nein ist. Während Sie Extreme Self-Care praktizieren, werden Sie nach und nach strengere Maßstäbe dafür setzen, was Sie in Ihrem Leben tolerieren wollen und was nicht. Sie werden also feststellen, dass es bestimmte Dinge gibt, die Sie früher getan haben, die jetzt aber nicht mehr dem Niveau der Self-Care entsprechen, um Ihr bestes Ich zu sein.

Beispielsweise pflegte ich jahrelang, telefonisch oder über den Computer jederzeit, tagsüber und bis in die Nacht, erreichbar zu sein. Aber heutzutage bedeutet Extreme Self-Care, meine Energie und mein Nervensystem zu schonen. Und so schalte ich die Telefone zu Hause und im Büro stumm; die Voicemail-Funktion an meinem Handy ist deaktiviert, und ich nehme selten, wenn überhaupt, unterwegs E-Mails an. Es geht mir um den Schutz meiner emotionalen und geistigen Gesundheit. Denn schließlich will ich mein Leben leben und nicht durcheilen.

Denken Sie über die Dinge nach, die Sie nicht mehr tun oder nicht mehr tun wollen, um Ihre kostbare Energie zu schonen und Ihre Werte zu würdigen. Vielleicht haben Sie es satt, für die Zubereitung aller Mahlzeiten verantwortlich zu sein, und Sie sind bereit zuzulassen, dass Ihre Teenager sich eine neue Fähigkeit aneignen. Sie haben Ihren Job erledigt, und es ist einfach kein absolutes Ja mehr. Vielleicht möchten Sie einen Sonntagnachmittag ganz allein verbringen, statt bei dem wöchentlichen Abendessen mit Ihrer Großfamilie dabei zu sein. Im Moment ist das nicht die Art, wie Sie Ihre Zeit verbringen wollen, also ist es ein Nein. Oder vielleicht sind Sie nicht länger bereit, mit Kollegen Mittag zu essen, die Sie mit Fragen löchern. Während es für Sie früher in Ordnung war, großzügig Ihre tollen Ideen zu teilen, ist es inzwischen zu einem absoluten Nein geworden.

Es ist wichtig, eine »Absolute Neins«-Liste aufzustellen – dient sie doch dann als nützliche Erinnerungsstütze für all die Dinge, die Sie nicht mehr tun wollen, sodass Sie die Qualität Ihres Lebens schützen können. Es kann erhellend und hilfreich sein zu lesen, was andere als absolutes Nein betrachten, vor allem wenn Sie Probleme beim Erstellen Ihrer eigenen Liste haben. Aus diesem Grund bat ich mehrere Freunde, ihre Beispiele zur Verfügung zu stellen. Achten Sie beim Durchlesen darauf, wie Sie sich dabei fühlen, und markieren Sie diejenigen mit einem Häkchen, die Sie gern übernehmen möchten.

Meine »Absolute Neins«-Liste:
Was ich nicht mehr mache …

☐ Mich abhetzen.

☐ Morgens aus dem Bett springen. Ich lasse mir die Zeit und den Raum, die ich brauche, um den Tag ruhig und entspannt zu beginnen.

☐ Ohne Haustiere leben.

☐ Kompromisse zu schließen zulasten meiner Bedürfnisse, um mit jedem Frieden zu halten.

☐ Fleisch essen.

☐ Meine Konten abrechnen und die Rechnungen bezahlen – dafür habe ich jemanden.

☐ Mit Leuten streiten, die das Debattieren als Sport betrachten.

☐ Meine Kreditkarten einsetzen, sofern ich die Abrechnung nicht vollständig zum Monatsende begleichen kann.

☐ Etwas, was ich nicht mag oder brauche, bei mir zu Hause aufbewahren.

☐ Den Mund halten, wenn jemand sich danebenbenimmt.

☐ Zu Events gehen, bei denen stundenlang nur sinnlos geschwätzt wird.

☐ Klatsch tolerieren oder daran teilnehmen.

☐ Mit schwierigen Lebenssituationen allein fertigwerden.

☐ Jemanden engagieren – sei es ein Anwalt, ein Arzt,
  ein Gesundheitsdienstleister oder was auch immer –,
  der mich respektlos behandelt.

☐ Während der Mahlzeiten Telefonate annehmen.

☐ Verbale Übergriffe von einem Vorgesetzten oder
  Mitarbeiter hinnehmen.

☐ Zur Arbeit gehen, wenn ich krank bin.

☐ Meine Meinungen für mich behalten, wenn sie mit
  denen der anderen im Raum nicht übereinstimmen.

☐ Mir von sozialen Normen diktieren lassen, wofür
  ich mich interessieren sollte, sei es Kleidung, Essen,
  Kunst, Musik und dergleichen. Ich mag das,
  was ich mag.

☐ Zeit in Beziehungen investieren, die nicht damit
  harmonieren, wer ich bin und wer ich sein will.

☐ Nicht sinnvolle Verpackungen in Restaurants,
  Geschäften etc. akzeptieren.

☐ Bücher, an denen ich die Lust verloren habe, zu Ende
  lesen.

☐ Werbepost mit ins Haus nehmen (vor meiner Tür steht
  eine Papiertonne).

☐ Die Notwendigkeit darin sehen, zigmal am Tag meinen
  Maileingang zu überprüfen.

☐ Essen, wenn ich keinen Hunger habe.

☐ Mich in das Drama anderer Leute verstricken.

❒ Mich verpflichtet fühlen, Zeit mit Familienmitgliedern oder Freunden zu verbringen, die sich für ein Leben im Chaos entschieden haben.

❒ Mich schlecht dabei fühlen, Nein zu sagen, wenn ein Nein das Beste für mich ist.

❒ Im Geiste bei der Arbeit verweilen, wenn ich nicht arbeite.

❒ Mir von den Fernsehsendern vorschreiben lassen, wann ich meine Lieblingsshows ansehen soll (ich zeichne die Sendungen auf, die ich sehen möchte, und schaue sie mir nach Belieben an).

❒ Mein E-Mail-Programm auf den automatischen Empfang neuer Nachrichten einstellen. Ich entscheide, wann ich meine Mails bekomme.

❒ Kleidungsstücke aufbewahren, von denen ich hoffe, dass sie mir »irgendwann« passen.

❒ Irgendetwas wegwerfen, was recycelt werden kann.

❒ Autos kaufen, die nicht treibstoffsparend sind.

❒ Zeit mit Leuten verbringen, die zu mir reden statt mit mir.

Dies sind großartige Beispiele dafür, wie sich die Regeln ändern, wenn wir die Praxis der Extreme Self-Care in unser Leben integrieren. Wenn ich Klienten oder Workshopteilnehmern von diesen Plänen erzähle, ernte ich die unterschiedlichsten Reaktionen. Einige fühlen sich inspiriert, neue Grenzen in ihrem Leben zu setzen, während andere überrascht sind und ihnen gleichzeitig etwas bange wird, daran zu denken, dass sie tatsächlich nach einigen dieser Regeln leben könnten. Dann gibt es solche, die das Ganze aufregt, weil sie in ihrem Leben keine Möglichkeit dafür sehen, weil sie es sich nicht leisten können, andere für Tätigkeiten zu bezahlen, mit denen sie eigentlich nichts zu tun haben wollen, oder weil sie noch nicht so weit sind und noch nicht davon überzeugt, solcher Maßstäbe würdig zu sein.

Das sind alles ganz normale Reaktionen, während wir daran arbeiten, unser Leben aufzuwerten. Frauen, die die vorher erwähnten Beispiele gehört haben, reagieren darauf am häufigsten mit folgendem Kommentar: »Vieles davon scheint von einer Person mit einem Anspruchsdenken zu kommen, und ich kann mich unmöglich so aufgeblasen verhalten.« Auch wenn ich mich daran erinnere, am Anfang meiner Reise ähnlich empfunden zu haben, kann ich Ihnen versichern, dass, wenn überhaupt, die meisten der hochanständigen Männer und Frauen, die zum Coaching oder zu meinen Vorträgen kommen, ihr Anspruchsdenken noch *stärker* entwickeln sollten, wenn es darum geht, besser für die eigenen Bedürfnisse zu sorgen.

Man sollte auch unbedingt registrieren, dass einige dieser Beispiele den Einfluss zeigen, den die Praxis der Extreme Self-Care auf andere ausübt. Die Entscheidung, keine verschwenderische, nicht sinnvolle Verpackung in einem Restaurant zu akzeptieren, sich zu weigern, an Klatsch teilzunehmen, oder nur ein treibstoffsparendes Auto zu kaufen, sind allesamt Beispiele dafür, wie gute Self-Care sich in ein fürsorgliches Verhalten anderen gegenüber verwandeln kann.

Ihre eigene »Absolute Neins«-Liste wird Ihnen eine Menge über Sie selbst sagen. Wenn Ihnen beispielsweise gar nichts einfällt, könnte das bedeuten, dass Ihre Bedürfnisse höchste Priorität haben sollten. Wenn Ihre Liste nur zwei oder drei Einträge enthält, kann es an der Zeit sein, sich mehr Gedanken darüber zu machen, was sich in Ihrem Leben ändern sollte. Und wenn Sie sich Ihre Liste ansehen und sich mit den Regeln, nach denen Sie leben, wohlfühlen – diejenigen, die Sie schützen und stark halten –, könnte das ein Grund zum Feiern sein.

Mit einer eigenen Liste anzufangen ist ein wichtiger Schritt dahin, herauszufinden, wo Sie auf der Skala der Self-Care stehen. Los geht's!

Extreme-Self-Care-Herausforderung: Schreiben Sie Ihre Liste der Absoluten Neins

Suchen Sie als Erstes eine Woche lang nach Tätigkeiten, denen Sie nicht mehr nachgehen, denen Sie nicht mehr nachgehen wollen oder die Sie irgendwann in der Zukunft abstellen möchten. Achten Sie zusätzlich auf die Frustrationsquellen in Ihrem Leben – die gleichen alten Auseinandersetzungen, die typischen Verpflichtungen, die Sie eingehen und die nach hinten losgehen, oder solche Situationen, die bei Ihnen immer Gefühle des Ausgelaugtseins oder der Verbitterung zurücklassen. Das ist eine wichtige Information, über die Sie sich im Klaren sein sollten, wenn Sie es beispielsweise satthaben, ehrenamtlich für chaotisch strukturierte Organisationen tätig zu sein. Sie sollten in einem solchen Fall Ihrer »Absolute Neins«-Liste so etwas wie »Ich arbeite nicht mehr freiwillig für Organisationen, die weder eine konkrete Vision noch einen Plan haben noch über genügend Personal verfügen« hinzufügen.

Achten Sie bei der Suche nach absoluten Neins vor allem darauf, wie Sie sich in Ihrem Körper fühlen. Richten Sie Ihre Aufmerksamkeit auf Situationen, in denen Sie im Nacken oder in den Schultern verspannt sind, ein Spannen in den Armen, Kopfschmerzen oder Bauchkribbeln haben. Falls Sie zum Beispiel immer dann, wenn die Steuererklärung fällig wird, nervös und cholerisch sind wegen der damit zusammenhängenden Arbeit, Ihren Gewinn zu ermitteln, kann es an der Zeit sein, das zu ändern. Sie sollten dann folgenden Eintrag in Ihre Liste schreiben: »Ich kümmere mich nicht mehr um meine Steuern. Ich bezahle jemanden dafür, der das erledigen soll.«

Sehen Sie sich als Nächstes noch einmal die Beispiele in Ihrem Notizbuch an und nehmen Sie sie für Ihre Liste der Absoluten Neins. Und gehen Sie auch noch mal die weiter oben erwähnten Beispiele in diesem Kapitel durch, um auch diejenigen in Ihre Liste aufzunehmen, die Sie mit einem Häkchen markiert haben. Richten Sie auf Ihrem Computer eine neue Datei ein oder schreiben Sie mit der Hand eine Liste in Ihr Notizbuch, die festhält, was Sie in der ersten Woche gelernt haben.

Zum Schluss bringen Sie Ihre Liste an einem Platz an, wo Sie sie täglich zumindest einen Monat lang sehen. Nehmen Sie sich jeden Tag fünf oder zehn Minuten Zeit, um sie durchzulesen. Stellen Sie sich dabei vor, wie Sie diese neuen Regeln in Ihr Gehirn installieren wie ein Self-Care-Softwareupgrade – ein Programm, das Ihnen helfen wird, Ihr Leben erfolgreicher und effektiver zu gestalten. Das Ziel ist, eine Liste mit Absoluten Neins zu entwickeln, dank der Sie sich im Laufe der Zeit sicher, beschützt, umsorgt und frei fühlen, um Ihr bestes Selbst zu sein.

Weiterführende Informationen

✳ Mein Buch *Take Time for Your Life* – zeigt Ihnen, wie Sie Kontrolle über Ihre Außenwelt gewinnen (einschließlich Informationen über die Liste der Absoluten Jas), um sich eine friedliche Innenwelt zu schaffen.

✳ *The Portable Coach: 28 Surefire Strategies for Business and Personal Success*, von Thomas J. Leonard mit Byron Larson – bietet Ihnen 28 Wege, um Ihr Leben, Ihre Karriere und Beziehungen so zu gestalten, dass sie zufriedenstellend und lohnend sind.

✳ *Body + Soul* – ein Magazin voller großartiger Ideen darüber, wie Sie Ihre Prioritäten in Bezug auf Gesundheit, Wohlbefinden, inneres Wachstum und ganzheitliches Leben würdigen. Weitere Informationen finden Sie auf **www.wholeliving.com**.

EIN RAUM
FÜR DIE SEELE

Lieben Sie den Ort, an dem Sie leben? Sind Sie auf der Arbeit energiegeladen und mit klarem Kopf dabei? Bevor ich Coach wurde (und mit der Praxis der Extreme Self-Care begann), dienten mein Zuhause und mein Büro mir lediglich als zweckmäßiges und ziemlich angenehmes Dach über dem Kopf. Als ich dann das Konzept der Extreme Self-Care zu verstehen begann, entdeckte ich nach und nach, dass es weit über das funktionale Kriterium hinaus eigentlich um die Erfahrung ging, von meiner Umgebung *genährt* zu werden. Das bedeutete, Räume für die Seele zu erschaffen, die mich mit Freude erfüllten, mir Energie gaben, mich zu meiner besten Arbeit (und besten Gedanken) inspirierten und es mir gestatteten, meine Kreativität an einem Ort des Friedens und der Ruhe zum Ausdruck zu bringen. Der Ort, an dem ich lebte und arbeitete, musste die Dinge widerspiegeln, die für meine Seele wichtig waren.

Im Jahr 2007 zogen mein Mann und ich in unser Traumhaus. Mehr als zehn Jahre lang hatten wir unser Geld gespart, uns in Bücher und Zeitschriften auf der Suche nach tollen Ideen vertieft, Musterhäuser besichtigt, um von Bautechniken zu erfahren, und uns ausgemalt, wie dieses Traumhaus aussehen sollte. Und während wir uns auf dieser Reise befanden, hatten wir eine wunderschöne Bleibe, einem Cottage ähnlich, wo wir auch arbeiteten.

Während des letzten Jahres war die Lage recht angespannt und stressig. Michael und ich teilten uns einen Schrank in einem kleinen Schlafzimmer, und unser Wohnbereich füllte sich schnell mit Möbeln und Materialien für unser neues Heim. Obwohl wir unser kleines Zuhause liebten, war es nach einer Weile beengt, zugemüllt und erdrückend. Ich spürte die Last dieser Tatsache tagtäglich. Mein Leben schien eingeschränkt zu sein und in meinem Kopf Chaos zu herrschen. Ich wusste einfach, dass ich nicht imstande war, etwas Neues in meinem Leben zuzulassen, solange wir dort wohnten.

Nachdem wir jahrelang nach dem richtigen Grundstück gesucht und mit einem außergewöhnlichen Architekten und Bauteam zusammengearbeitet hatten, zogen wir dann schließlich in unser neues Heim – an einen die Seele nährenden Platz der Schönheit und des Lichts, der die architektonischen Elemente enthält, die mein Mann und ich an gotischen Kathedralen, mittelalterlichen Schlössern und der Bauweise des klassischen Altertums so sehr lieben. Eine Fülle von wild lebenden Tieren ist hier zu Hause, alle Fenster bieten wunderschöne Aussichten auf die Natur, und es herrscht Stille – etwas, wonach mein Nervensystem lechzt.

Binnen eines Monats nach dem Einzug begann ich mich wie ein anderer Mensch zu fühlen. Fast jeden Tag erwachte ich mit einem Lächeln im Gesicht, egal was sich gerade in meinem Leben abspielte. Wenn ich durch die Räume ging, fühlte ich mich leichter, überschwänglich und frei von Anspannungen. Ich schlief wie ein Baby und oft ertappte ich mich dabei, tagsüber zu summen aus keinem anderen Grund als dem, dass ich mich in einer Umgebung befand, die sich so gut anfühlte. Letztendlich war unser Heim zu einem Heiligtum – zu einem heiligen und gesegneten Ort – geworden.

Wie sich unsere Umgebung auf uns auswirkt

Der Einfluss eines Ortes, an dem wir uns aufhalten und der mit unserer Seele vollkommen harmoniert, wird stark unterschätzt. In all meinen Jahren als Coach (und in meinem eigenen Leben) habe ich wenige Möglichkeiten erlebt, Extreme Self-Care zu praktizieren, die eine dramatischere, unmittelbarere Wirkung auf unsere Lebensqualität haben als diese eine. Die Rede ist hier nicht davon, ordentlicher zu werden oder sich besser zu organisieren, auch wenn das ein wichtiger Bestandteil des Rezepts ist. Vielmehr geht es hier darum, den Einfluss zu erkennen, den Ihr Zuhause oder Ihr Arbeitsplatz auf Ihre emotionale und körperliche Gesundheit, Ihr Energielevel, Ihr Selbstwertgefühl, Ihre Beziehung zu Ihnen selbst und zu anderen und Ihr geistiges Wohlbefinden ausübt. Das Ganze läuft unter der Bezeichnung »eine die Seele nährende Umgebung erschaffen«, und ich habe erlebt, wie dieses wichtige Konzept – die Veränderung der Wohn- oder Arbeitsumgebung einer Person – buchstäblich deren Leben transformiert.

Eine die Seele liebende Umgebung ist ein Zuhause oder ein Arbeitsplatz frei von Kram und Chaos – ein Raum, der mit Elementen gefüllt ist, die es uns ermöglichen, unser bestes Selbst zu sein und als unser bestes Selbst zu handeln. Wenn wir an einem Ort leben oder arbeiten, der mit zu viel Krempel zugemüllt ist oder der nichts Schönes enthält, entzieht er uns unsere Energie. Schließlich fühlen wir uns niedergeschlagen, erschöpft und unmotiviert. Wir funktionieren nicht gut, was sich letzten Endes auch auf andere Bereiche unseres Lebens auswirken kann.

So habe ich mit vielen Leuten gearbeitet, die das Gefühl haben, als würden sie in ihrem Durcheinander untergehen, und sich im Laufe der Zeit immer mehr isolieren, weil es ihnen peinlich ist, andere zu sich nach Hause einzuladen. Ich habe auch Geschäftsinhaber kennengelernt, die sich abmühen, neue Klienten zu gewinnen, während sie in einem angestaubten Büro arbeiten, das wie ein schwarzes Loch aussieht (und auch dieses Gefühl vermittelt) – nicht die beste Umgebung, wenn man bestrebt ist, Aufträge hereinzuholen.

Einem Unkraut gleich, das sich durch Beton schlängelt, um seinen Weg zum Licht zu finden, passen wir uns unserer Umgebung an. Wenn wir ein Zuhause dulden, das sich nicht nach uns anfühlt, werden wir aller Wahrscheinlichkeit nach auch eine Beziehung hinnehmen, die sich nicht richtig anfühlt, oder wir verharren an einem Arbeitsplatz, der bloß »okay« ist. Der Gedanke mag sich zwar etwas seltsam anhören, aber die Erfahrung hat mich Folgendes gelehrt: Wie wir »hier drin« zu Hause wohnen, drückt sich in dem aus, wie wir »dort draußen« in der Welt leben.

ᘒᘒ ᘒᘒ ᘒᘒ

Ihre Räumlichkeiten sagen eine Menge über Ihr Leben aus. Damit Sie verstehen, was ich meine, sehen Sie sich bei sich zu Hause oder an Ihrem Arbeitsplatz um und befassen Sie sich dabei mit den folgenden Fragen:

❉ Was sagen diese Umgebungen über Sie aus?

❉ Spiegeln Sie die Essenz dessen wider, wer Sie sind?

❉ Wenn dieser Raum eine Geschichte über Ihr Leben erzählen würde, welche Geschichte würde er erzählen?

❉ Welches Gefühl gibt Ihnen dieser Raum?

❉ Was haben Sie schon allzu lange hingenommen?

❉ In welchen Bereichen fühlen Sie sich wohl? In welchen Bereichen fühlen Sie sich unwohl? Warum?

✾ Wenn Sie alles, was in dem Raum enthalten ist, zur
   Mülldeponie bringen und noch mal ganz von vorn
   anfangen könnten, würden Sie sich darauf einlassen?

Verstehen Sie, was ich meine? Wenn Sie wie die meisten Menschen sind, ist Ihr Zuhause oder Ihr Arbeitsplatz weniger ein Ort, der die Seele nährt und stärkt, als Ihnen lieb ist. Der wohl bekannteste Grund dafür hat mit der Menge an Krempel in unserem Leben zu tun. So viele von uns stumpfen angesichts der uns umgebenden Dinge ab. Und zum Schluss leben wir mit überhäuften Arbeitsplatten und Schreibtischen, Stapeln ungeöffneter Werbepost oder Schränken, die von selten getragener Kleidung überquellen. Oder wir befinden uns von früh bis spät in einem Büro, das mit Ordnern, Schriftstücken oder Büchern vollgestopft ist. Die traurige Wahrheit ist, dass ein seelenloses Heim oder Büro unsere Aufmerksamkeit, Zeit und Energie abzieht – unverzichtbare Bestandteile für ein gut gelebtes Leben.

Manchmal besteht die effektivste Methode, um mit der Einrichtung eines Seelenraums zu beginnen, darin, einfach 50 Prozent oder mehr von den darin befindlichen Dingen zu entsorgen. Ich hatte die Gelegenheit zu dieser Erfahrung, als Michael und ich in unser neues Haus einzogen. Vor dem Umzug durchforsteten wir unsere Habseligkeiten und gaben alles weg, was wir nicht mehr benutzten oder brauchten. Dann beschlossen wir, ein Experiment durchzuführen: Wir nahmen nur den allernotwendigsten Bedarf in unser neues Haus mit und den Rest verstauten wir in unserer Garage. Auf diese Weise konnten wir erfahren, wie es sich anfühlt, in der Schlichtheit des Raums zu leben. Was wir erlebten, überraschte uns.

Als jemand, der jahrelang das Prinzip »Im Zweifelsfall weg damit« gelehrt hatte, musste ich verblüfft feststellen, dass mein

Mann und ich immer noch viel zu viel Krempel hatten. Die Entscheidung, die meisten unserer Habseligkeiten in der Garage zu lagern, um in einem Zustand der »heiligen Schlichtheit« leben zu können, ermöglichte uns die Erfahrung, wie es sich anfühlt, frei von visuellen Ablenkungen zu sein – etwas, was wir schon lange nicht mehr erlebt hatten. Diese Erfahrung lehrte mich eine wichtige Lektion.

Wenn Sie den Mut aufbringen, alles loszulassen, was Sie wirklich nicht mögen oder brauchen, dann ist das, was Ihnen bleibt, ein Raum für Stille und Potenzial. Und dieser Zustand ist wirklich reizvoll – so friedlich, ruhig und entspannend, dass Sie wie von selbst sehr achtsam werden in Bezug darauf, was Sie hineinlassen. Sie erhöhen Ihre Ansprüche.

Michael und ich erhöhten in der Tat unsere Ansprüche, was dazu führte, dass wir eine neue Regel einführten. Wenn etwas kein absolutes Ja ist – etwas, was wir wirklich brauchen oder über alles lieben –, dann kommt es nicht in unser Haus. Anstatt also die übrigen Sachen aus der Garage ins Haus zu holen, verschenkten wir das meiste. Auf diese Weise konnten wir unseren Reichtum mit anderen teilen und uns ein Zuhause schaffen, das Geräumigkeit und gleichzeitig Eleganz vermittelte.

Wenn Sie Zeit und Energie darin investieren, sich eine die Seele nährende und stärkende Umgebung zu schaffen, machen Sie sich selbst ein riesengroßes Geschenk. Aber verlassen Sie sich nicht darauf. Mal sehen, was im Laufe des nächsten Monats passiert, wenn Sie selbst erleben, wie es ist, sich in seine Wohn- oder Arbeitsumgebung zu verlieben.

Extreme Self-Care-Herausforderung:
Richten Sie sich einen Raum für die Seele ein

Ich möchte, dass Sie sich in den nächsten 30 Tagen darauf konzentrieren, sich einen seelenliebenden Platz in nur einem Zimmer zu schaffen, in einem Zimmer, in dem Sie viel Zeit verbringen, etwa Ihr Schlafzimmer, Ihr Büro oder Ihre Küche. Auf diese Weise können Sie ein Gefühl dafür bekommen, wie es ist, sich gern an einem bestimmten Ort aufzuhalten. Dieser Prozess wird als treibende Kraft dienen, sich auch anderer Räume anzunehmen, sobald Sie mit dem Vier-Schritte-Prozess umzugehen gelernt haben. Sie brauchen kein neues Haus zu bauen, um einen seelenstärkenden Raum zu schaffen, und Sie werden dafür auch nicht viel Geld ausgeben müssen. Es gibt zwar hervorragende Ratgeber, die mit clevereren Strategien daherkommen, um sich besser zu organisieren und wunderschöne Räume zu gestalten, aber ich werde das Ganze einfach halten, indem ich die vier folgenden Schritte empfehle:

1. **Begutachten** – überlegen Sie, wie gut dieser Raum an eine seelennährende Umgebung heranreicht.

2. **Bewerten** – entscheiden Sie, was geändert werden muss und wie Sie es ändern müssen.

3. **Entrümpeln** – sortieren Sie alles aus, was Sie absolut nicht mögen oder brauchen.

4. **Aufwerten** – verwirklichen Sie in diesem Raum Ihre Version von »außergewöhnlich«, sodass er die Essenz von Ihnen widerspiegelt.

Und los geht's!

Schritt 1: Begutachten

Bevor Sie in Aktion treten, machen Sie sich erst Gedanken darüber, was »seelennährend« in dem von Ihnen gewählten Raum transportieren soll. Beschäftigen Sie sich mit den folgenden Fragen:

- ❀ Was bedeutet dieser Raum für Sie?

- ❀ Wozu wird dieser Raum hauptsächlich genutzt?

- ❀ Was muss in ihm enthalten sein, um Ihre Seele zu würdigen?

- ❀ Was darf er nicht enthalten?

Wenn Sie sich über diese Fragen Gedanken machen, kommen Sie vielleicht zu dem Ergebnis, dass Sie Ihren Sonnenraum hauptsächlich dazu nutzen wollen, um sich nach einem langen Tag zu regenerieren und aufzutanken. Ihnen wird klar, dass dieses Zimmer, um die Seele zu stärken und zu nähren, ruhig und friedlich sein und eine klare, reine Energie haben muss.

Schritt 2: Bewerten

Als nächsten Schritt führen Sie eine aufrichtige Bewertung des Raums durch, um zu ermitteln, was konkret geändert werden muss, um ihn zu einer seelennährenden Umgebung zu machen. Planen Sie dafür eine Stunde ein.

Nehmen Sie einen Notizblock und einen Stift zur Hand und schreiben Sie auf, was Sie mit diesem Raum gern machen würden. Benutzen Sie die folgenden Fragen als Leitfaden, während Sie in dem Zimmer herumgehen.

❋ Bewerten Sie zunächst den ganzen Raum mithilfe einer Skala von eins bis zehn. Dabei bedeutet eins, dass Sie diesen Raum nicht ausstehen können, und zehn, dass Sie ihn lieben.

❋ Wenn Sie sich überlegen, was geändert werden muss, was kommt Ihnen sofort in den Sinn?

❋ Welche Gegenstände sind Ihnen wichtig?

❋ Worauf könnten Sie problemlos verzichten?

❋ Was muss hinzugefügt werden, um diesen Raum zu beseelen?

❋ Was gehört hier zu Ihren Lieblingselementen? Gefällt Ihnen die Beleuchtung, der Ausblick von dem Fenster oder die Höhe der Decke?

❋ Wenn Sie darüber nachdenken, was dieser Raum darstellt, wie wird es sich dann auf andere Bereiche Ihres Lebens auswirken, wenn Sie ihn so gestalten, dass er für die Seele nährender ist? Wenn Sie beispielsweise Single sind und Ihr Schlafzimmer in Angriff nehmen wollen, könnten sich dadurch Ihre Chancen verbessern, einen wundervollen neuen Partner anzuziehen.

❋ Was müssen Sie tun, damit dieser Raum frei von Krempel und beseelt bleibt?

Betrachten wir dazu ein Beispiel. Angenommen, Sie wollen Ihr Schlafzimmer in Angriff nehmen. Bei der Überprüfung des Raumes stellen Sie fest, dass Ihnen das Licht gefällt und die Geräumigkeit des Zimmers, aber dass es zugemüllt ist. Wenn

Sie dann die erforderlichen Veränderungen bewerten, sehen Sie den Stapel Zeitschriften und Bücher neben Ihrem Bett, der Ihnen Ihre Energie entzieht. Auch auf Ihrem Nachttisch liegt zu viel Krempel, der Kleiderschrank platzt aus allen Nähten, und auf dem Boden liegen haufenweise Unterlagen, die es Ihnen erschweren, sich im Dunkeln zu bewegen.

Jeden Abend, wenn Sie ins Bett gehen wollen, sind Sie frustriert, weil Sie um die Hindernisse herummanövrieren müssen oder etwas vom Nachtschrank stoßen. Die Bewertung dieses Bereichs mithilfe der Eins-bis-Zehn-Skala ergibt, dass Ihr Unzufriedenheitswert bei Zwei liegt (was vielleicht eine Überraschung sein kann, vor allem wenn Sie wirklich gut darin geworden sind, Ihre Umgebung auszublenden).

Wenn Sie darüber nachdenken, was es Sie kostet, den Raum so zu belassen, wird Ihnen klar, dass dieses Chaos Ihre Fähigkeit beeinträchtigt, sich ordentlich auszuschlafen. Und dadurch, dass Sie diesen Raum in Schuss bringen, werden Sie sich nicht nur entspannter fühlen, sondern höchstwahrscheinlich sogar versucht sein, früher ins Bett zu gehen (was Sie eigentlich auch beabsichtigt haben).

Verstehen Sie, worum es geht? Bevor Sie zum nächsten Schritt – Entrümpeln – übergehen, sollten Sie sich notieren, welche Vorbereitungen dazu zu treffen sind. Wenn Sie sich beispielsweise Ihr Schlafzimmer betrachten, wird Ihnen womöglich klar, dass Sie einen neuen Standort für Ihre Lieblingsbücher benötigen, weil deren Aufbewahrung neben Ihrem Bett eher einem Aufruf zum Handeln statt zur Ruhe gleichkommt. Sie werden also nach Möglichkeiten suchen, wo Sie die aussortierten Bücher spenden können. Sie werden neue Regale brauchen, um die übrigen an einem anderen Platz bei sich unterzubringen. Und schließlich werden Sie sich überlegen, Ihre alten Zeitschriften dem Fitnessstudio, einem Altersheim oder einem nahe gelegenen Krankenhaus zu überlassen.

Schritt 3: Entrümpeln

Der dritte Schritt zur Schaffung einer seelennährenden Umgebung ist die Entrümpelungsphase. Dabei konzentrieren Sie sich auf zwei Aspekte: (1) die Gewohnheiten und Verhaltensweisen, die dazu geführt haben, dass sich Ihre Wohn- oder Arbeitsumgebung in einem alles andere als wünschenswerten Zustand befindet, und (2) alles, was Sie absolut nicht mögen oder brauchen.

Kümmern wir uns zunächst um die Gewohnheiten. Setzen Sie sich mit den folgenden Fragen auseinander:

* Was tragen Sie dazu bei, dass sich dieser Raum in einem Zustand befindet, der überhaupt nicht wünschenswert ist?

* Sind Sie ein bewährtes Depot für die Werbegeschenke anderer?

* Stapelt sich bei Ihnen die Post?

* Horten Sie Unterlagen und Informationen, weil Sie darauf beharren, sie irgendwann einmal zu benötigen?

* Berauben Sie sich selbst der Mittel, die notwendig sind, um Ordnung zu schaffen und zu halten, wie etwa ein Aktenschrank oder ein Schranksystem für Ihre wie wild wachsende Garderobe?

Es ist wichtig, dass Sie sich die *Ursache* Ihres Raumproblems ansehen, *bevor* Sie anfangen, das Haus (oder Büro) in Schuss zu bringen. Denn andernfalls werden Sie in wenigen Monaten (oder Wochen!) vor dem gleichen Dilemma stehen. Wenn Sie also die Angewohnheit haben, Ihre getragenen Sachen über eine Stuhllehne in Ihrem Schlafzimmer zu werfen, erziehen Sie sich entweder dazu, sie sofort aufzuhängen, oder kaufen Sie sich einen großen Wäschekorb und legen Sie sie dort hinein, damit sie außer Sicht sind. Verfolgen Sie das Problem zu seiner Ursache zurück. Wenn Sie Ihre Kleidungsstücke nicht aufhängen können, weil in Ihrem Schrank kein Platz mehr ist, werden Sie nicht nur ein paar Sachen loswerden müssen, sondern sich vielleicht sogar selbst einen Einkaufsstopp verhängen, bis es Ihnen gelingt, Ihre Einkäufe einzuschränken.

Sobald Sie die zu ändernden Gewohnheiten im Griff haben, geht es ans Ausmisten. Erleichtern Sie sich das Ganze, indem Sie die aussortierten Sachen auf vier Stapel ablegen:

Stapel 1: Sachen, die Sie nahestehenden Personen verschenken. Das sind Dinge, zu denen Sie einen gefühlsmäßigen Bezug haben oder die eine besondere Bedeutung für Sie haben, die aber trotzdem verschwinden müssen, weil Sie sie nicht mehr absolut mögen. Dadurch, dass Sie einst geschätzte Gegenstände Nahestehenden schenken, ziehen Sie einen zweifachen Nutzen. Erstens ist es leichter, etwas für Sie Bedeutsames einer Person zu geben, die seinen Wert zu schätzen weiß. Es kann Sie tatsächlich motivieren, noch mehr abzugeben, als Sie eigentlich beabsichtigt haben. Zweitens werden Sie diese Dinge höchstwahrscheinlich wiedersehen, sodass der Abschied nicht ganz so schwerfällt.

Stapel 2: Sachen, die Sie Fremden verschenken. Vergessen Sie nicht, Ihre Hausaufgaben in der Bewertungsphase zu machen, sodass Sie einen Plan haben, was damit passieren soll. Wenn Sie Ihren Reichtum mit Notdürftigen teilen, kann dies zu einer starken Triebkraft werden, noch mehr wegzugeben, als Sie zu können glauben. Suchen (und besuchen) Sie Asyl- oder Krisenzentren, um sich ein Bild von der Arbeit zu machen, die dort im Dienst an anderen geleistet wird. Sie können diesen Ausflug auch mit den Kindern unternehmen: Die ganze Familie geht an Bord, und Ihre Kinder erleben selbst, was es bedeutet, ihre Sachen mit Menschen in Not zu teilen. Vertrauen Sie mir, sobald Sie einen emotionalen Bezug zu einem solchen Ort haben, wird es Sie dazu beflügeln, sogar noch mehr abzugeben.

Stapel 3: Sachen, die recycelt werden können. Fragen Sie bei Ihrem lokalen Recyclinghof wegen einer Liste der Gegenstände nach, die wiederaufbereitet werden können. Sie werden überrascht sein, wie viel recycelt oder einem guten Nutzen zugeführt werden kann.

Stapel 4: Sachen, die einfach weggeworfen werden müssen. Bevor Sie mit diesem Stapel anfangen, informieren Sie sich darüber, wo Sie diese Sachen wegwerfen können. Gibt es eine Sperrmüllabfuhr in Ihrer Gegend oder einen Entsorgungsservice, der zu Ihnen kommt, um veraltete Finanzunterlagen zu schreddern? Können Sie sich die Kosten mit einem Freund oder Mitgliedern Ihrer Life Makeover Group teilen, die auch mit dieser Aufgabe beschäftigt sind? Kennen Sie die Öffnungszeiten der Mülldeponien oder wissen Sie, wann Sie bestimmte Sachen in den Müll werfen können? Vergessen Sie nicht, dass Vorausplanung für die nötige Motivation sorgt, um dieses Projekt auch durchzuziehen.

Schritt 4: Aufwerten

Die letzte Phase, sich eine die Seele liebende Wohn- oder Arbeitsumgebung zu schaffen, ist die beste von allen. Sie hat mit Aufwertung zu tun, und der Name des Spiels lautet Schönheit – ein universelles Bedürfnis, das unsere Seele nährt.

Was bedeutet Schönheit für Sie? Was regt Sie dazu an, sich in Ihr Zuhause oder Ihr Büro zu verlieben? Für manche ist es ein offener, weiter Raum und Sonnenlicht. Für andere ist es die kreative Inspiration in Form von Kunstwerken, Fotos von geliebten Menschen und Lieblingslebenserfahrungen oder farbenfrohen Wänden. Einige finden Schönheit in den Hilfsmitteln und Instrumenten, die es ihnen erlauben, sich organisiert zu fühlen und imstande zu sein, ihre Arbeit bestmöglich zu erledigen, etwa ein breiter Schreibtisch oder ein großformatiger Bildschirm. Die Verschönerungen, die Sie Ihrer Wohn- oder Arbeitsumgebung angedeihen lassen, können praktischer Natur sein, aber sie müssen auch der höchsten Priorität entsprechen, nämlich die Umgebung zu verschönern.

Wenn Sie anfangen, Ihren Raum mit Gegenständen zu füllen, dann lassen Sie sich dabei von *Ihrer* Version von Schönheit führen. Durchforsten Sie Zeitschriften, Kataloge und Einrichtungsbücher oder durchstöbern Sie Geschäfte auf der Suche nach den Formen, Farben und Strukturen, die Ihnen ins Auge springen und Ihr Interesse wecken. Für mich sind Museen, Spielfilme und schöne alte Hotels oft Quellen der Inspiration.

Erhöhen Sie Ihre Maßstäbe. Wenn Sie zum Beispiel Möbel für Ihr Büro zur Aufbewahrung von Zubehör oder Betriebsmitteln brauchen, könnten Sie sich für einen Schrank mit elegant geschnitzten Holztüren entscheiden statt für einfache, offene Regale. Wenn Sie ein Fenster in der Küche mit Blick auf die Veranda eines Nachbarn haben, werden Sie kreativ und stellen beispielsweise Blütenpflanzen oder ein Futterhäuschen davor.

Glauben Sie nur nicht, dass es Ihnen aufgrund finanzieller Zwänge nicht möglich ist, Ihren Raum zu verschönern. Einige meiner besten Einkäufe haben sehr wenig gekostet. Ich liebe es, in Secondhandläden und auf Flohmärkten nach Schätzen zu stöbern. Die Sachen, die ich dort finde, benötigen vielleicht selbst ein wenig Verschönerung, etwa einen Anstrich oder eine kleine Reparatur, aber betrachten Sie das als eine weitere Gelegenheit für sich, bei der Gestaltung des Raumes Ihr einzigartiges Stilgefühl und Ihren Sinn für Schönheit einzubringen.

Falls Sie sich unsicher sind, wie Sie Ihren Raum aufwerten und verschönern können, bitten Sie jemanden um Unterstützung, dessen Zuhause oder Arbeitsumgebung Ihnen sehr gut gefällt, oder wenden Sie sich an einen professionellen Inneneinrichter oder Dekorateur. Stellen Sie in diesem Fall einfach sicher, dass es *Ihr* Stilgefühl ist und nicht das eines anderen, nach dem sich die Entscheidungen richten.

Sobald Sie das Projekt dieses Monats, einen Platz für die Seele zu schaffen, abgeschlossen haben, begeben Sie sich dorthin und sonnen Sie sich in dem Gefühl der Freude und Zufriedenheit. Nutzen Sie diese Gefühle dann als Triebkraft, um den nächsten Raum in Angriff zu nehmen!

Weiterführende Informationen

❀ *Interior Divine: Walking You Through the Transformation of Your Home*, von Jayne M. Pelosi – hilft Ihnen, mit Ihrer Gestaltungspersönlichkeit vertraut zu werden.

❀ *Die Magie des Wohnens. Ihr Zuhause als Ort der Kraft, der Kreativität und der Zuflucht*, von Denise Linn – bietet einen spirituellen Ansatz zur Verschönerung und Aufwertung von Räumen und zeigt Ihnen, wie Sie Ihr Leben dramatisch transformieren können, indem Sie Ihre häusliche und Arbeitsumgebung verändern. Ich habe Denises Anregungen umgesetzt und dabei erstaunliche Resultate erzielt.

❀ Got Books? (www.gotbooks.com) – eine Organisation, die es sich zum Ziel gesetzt hat, für gebrauchte Bücher ein neues Zuhause zu finden. Obwohl in New England ansässig, kann man ihnen von überall her Spenden schicken. (Fragen Sie bei Ihrer Bibliothek, wo man Bücher in Ihrer Gemeinde spenden kann.)

❀ *Alles zuviel! Wie man sein Leben wieder in den Griff kriegt*, von Peter Walsh – ein hervorragender Ratgeber fürs Aufräummanagement.

❀ *Buried in Treasures: Help for Compulsive Acquiring, Saving, and Hoarding*, von David F. Tolin, Randy O. Frost und Gail Steketee – ein Programm, das zwanghaften Sammlern hilft, sich von dem Gerümpel und Chaos in ihrem Zuhause oder Büro zu befreien.

SIE SIND JA SO SENSIBEL!

Als ich ein kleines Mädchen war, pflegte mein Dad mich »Sarah Heartburn« zu nennen – eine witzige Verdrehung des Namens der französischen Filmschauspielerin Sarah Bernhardt –, weil ich den Hang hatte, ein wenig dramatisch zu sein, wenn etwas nicht nach meiner Nase ging. Die Wahrheit war, dass ich ein hochsensibles Kind war. Bei mir saßen die Tränen locker, es verletzte mich tief, wenn Kinder mich beschimpften oder sich über mich lustig machten, und ich neigte zu Phasen des Rückzugs und einer Art Traurigkeit, die ich nicht verstand. Erst als ich als Erwachsene das Buch *Sind Sie hochsensibel?* von Elaine Aron las, wurde mir klar, was mit mir eigentlich los war. Es war eine jener seltenen Erfahrungen, wenn ein Buch sein ganzes Leben ins rechte Licht zu rücken und man sich plötzlich auf ganz neue Art zu verstehen scheint.

Jahrelang geißelte ich mich selbst für meine Sensibilität. Wie das kleine, allzu empfindsame Mädchen weinte ich auch als erwachsene Frau immer noch leicht, brachten mich Reizüberflutungen (wie sie von großen Menschenmassen, grellen Lichtern und lauten Geräuschen herrühren) aus der Fassung und verletzten mich Kritik und kleinliche Kommentare ungemein. Ich mochte es überhaupt nicht, sensibel zu sein – verabscheute es sogar –, bis ich dank eines Gespräches mit Thomas Leonard die Dinge aus einer anderen Perspektive sah.

Ich hatte einen meiner ersten Vorträge über Coaching gehalten und war daraufhin von einem aufgebrachten Zuhörer kritisiert worden, dem nicht gefiel, wie ich meine Ideen vortrug. Die Kritik war scharf gewesen, und der Schmerz darum ließ mich tagelang nicht los. Während eines Telefonats mit Thomas schilderte ich das Feedback und gab zu: »Ich hasse es, dass ich mich von solchen Dingen so mitreißen lasse. Du kannst dir nicht vorstellen, was mir im Kopf herumspukt, seitdem ich diese Kritik gelesen habe: *Ich bin grottenschlecht als Rednerin; lass die Finger davon; mach das ja nicht beruflich; bleib beim Coaching, Kleine.* Ich bin einfach zu sensibel, und ich hasse das!«

Thomas hörte aufmerksam zu, während ich mich weiter darüber ausließ, wie mitgenommen ich sei, und als ich fertig war, brachte er einen seiner kurzen, witzigen Kommentare: »Oh, weißt du, Cheryl, so wie ich das sehe, ist deine Sensibilität deine größte Gabe.« Nach einer kurzen Pause, die es mir ermöglichen sollte, seine Äußerung zu verdauen, fuhr er fort: »Diese Gabe hat dich dahin gebracht, wo du heute stehst, und durch sie bist du ein großartiger Coach geworden. Wenn ich an deiner Stelle wäre, würde ich diese Sensibilität schützen, statt sie zu hassen.«

Meine Sensibilität schützen? Das war ein Gedanke, den ich noch nie zuvor in Erwägung gezogen hatte. Diese Idee, dass meine Sensibilität ein Segen und kein Fluch war, war eine verblüffende Offenbarung.

Wie so viele Männer und Frauen glaubte ich, dass die Eigenschaft, verletzlich zu sein und es auch zu zeigen, gleichbedeutend damit war, eine Niederlage einzugestehen oder schwach zu erscheinen. Beispielsweise war es nicht okay, sich über das unangemessene Verhalten eines Chefs aufzuregen; ich musste es klaglos durchstehen und die Arbeit in jedem Fall erledigen. Nun forderte mich Thomas auf, diese Überzeugungen neu zu überdenken.

Als ich über die Vorteile meiner Sensibilität nachdachte, erkannte ich, dass sie mich immer dazu veranlasst hatte, mich mit der Natur, mit Tieren, Vögeln, Musik und Kunst tief verbunden zu fühlen. Und sie kam auch in einem ausgeprägten Wahrnehmungsvermögen zum Ausdruck, in Menschen wie in einem

Buch zu lesen. Eine leichte Neigung des Kopfes, ein Blinzeln oder eine winzige Veränderung im Tonfall genügten, und oft wusste ich dann, was jemand dachte oder fühlte. Diese Fähigkeit entwickelte sich im Laufe der Zeit zu einem fein abgestimmten intuitiven Wissen, das mir dazu verhalf, als Coach und Lehrerin ziemlich erfolgreich zu sein. Ich konnte die Bedürfnisse anderer ahnen. Viele Male wusste ich, was meine Schüler wollten, bevor sie es selbst wussten. Während ich einem Klienten aufmerksam zuhörte, der versuchte, seinen Weg zu finden, bildete sich vor meinem geistigen Auge schon ein Weg, der uns beiden zeigte, in welche Richtung es gehen sollte. Und ich ertappte mich oft dabei, die richtigen Wörter zu wählen – mit meinem Herzen, nicht mit meinem Verstand –, die jemand hören musste.

Ich begann zu verstehen, dass wir alle möglichen Gaben erleben können, wenn wir uns für unsere sensible Seite öffnen und sie uns zu eigen machen. Alle Menschen verfügen über ein gewisses Maß an Sensibilität, die, wenn sie ernst genommen und geschützt wird, uns eine reiche und befriedigende Lebenserfahrung zuteilwerden lassen kann. Wenn wir uns unserer Sensibilität gegenwärtig sind, sind wir besser imstande, überall und in allem Schönheit zu sehen, von Blumen bis hin zu Unkräutern, in freudvollen Erlebnissen und ebenso in den erschütternd traurigen. Wir neigen zur Empathie – dazu, gütige und mitfühlende Menschen zu sein, die sich leicht in andere hineinversetzen können. Das sind tatsächlich wunderbare Gaben.

Wie Sie Ihre Sensibilität schützen

Mein Entschluss, meine Sensibilität zu schützen, war einer der wirkungsreichsten Akte der Extreme Self-Care, die ich in meinem Leben jemals gefasst habe. Er zwang mich dazu, damit aufzuhören, grundlegende Teile von mir zu verurteilen und abzulehnen, und anzufangen, diejenige zu würdigen, die ich in meinem Innersten bin. Es ist komisch, aber sobald ich diese Entscheidung traf, meine Sensibilität anzunehmen, trat das Gegenteil von dem ein, was ich erwartet hatte. Statt mich wie ein Nadelkissen in einer Welt voller Nadeln zu fühlen, wurde ich dadurch tatsächlich stärker und vermochte besser meine Gaben einzusetzen.

Ich setzte meine Energie nicht mehr dazu ein, meine Gefühle unter Verschluss zu halten, sondern lernte vielmehr, Maßnahmen zu ergreifen, um mir die erforderliche Sicherheit zu verschaffen, sodass ich sie unbehindert und offen zeigen konnte. Beispielsweise suchte ich mir beim Schreiben dieses Buches sorgfältig die Leute aus, die den ersten Entwurf des Manuskripts lesen sollten. Um von einem aufrichtigen, verwundbaren Ort – dem besten, um mit Lesern Kontakt herzustellen – aus zu schreiben, musste ich dafür sorgen, dass Mitglieder des Teams auf respektvolle Weise ihr Feedback gaben. Als ich also bereit war, das Manuskript weiterzureichen, ließ ich alle wissen, welche Art Kritik ich mir wünschte und wie sie mir übermittelt werden sollte. Dadurch, dass ich meine Sensibilität schützte, konnte ich von einem authentischen Ort schreiben.

Wie fangen Sie es also an, Ihre Sensibilität zu schützen? Indem Sie sich der Menschen, Orte und Gegenstände bewusst werden, die Sie dazu verleiten, dichtzumachen, abzustumpfen oder sich vom gegenwärtigen Augenblick abzuwenden. Bei

Sensibilität geht es darum, offen und empfänglich für das Leben zu sein. Es geht darum, im gegenwärtigen Augenblick zu sein, jetzt und hier, die Antenne Ihrer Seele ganz eingeschaltet, sodass Sie sich auf die Magie und die Schönheit, die das Leben zu bieten hat, einstellen können.

Lassen Sie uns ein paar Beispiele betrachten, wie Sie Ihre Sensibilität schützen können. Unterstreichen Sie beim Durchlesen die Stellen mit den Anregungen und Ideen, die Ihnen zusagen.

1. Treten Sie in den Moment ein

Präsenz ruft Sensibilität hervor. Wenn wir über die Vergangenheit grübeln oder uns um die Zukunft sorgen, verpassen wir nur die einzige wahre Erfahrung, die wir machen können: diejenige, die genau jetzt in diesem Augenblick stattfindet. In der Gegenwart finden wir die Fülle und Bedeutung, nach denen wir uns sehnen. Eine der ersten Maßnahmen, die wir treffen müssen, um unsere Sensibilität zu schützen, ist, unsere Aufmerksamkeit zurück auf das Jetzt zu lenken. Das ist der Ort, an dem wir uns wirklich lebendig fühlen.

Um sich in den gegenwärtigen Moment zu bringen, müssen Sie es sich angewöhnen, Ihren Geist in den Griff zu bekommen. Das können Sie auf einfache Weise tagtäglich üben. Spüren Sie beim Autofahren Ihre Hände am Steuer und Ihre Füße auf dem Gaspedal und achten Sie auf die vorbeiziehende Landschaft. Nehmen Sie beim Telefonieren den Hörer in Ihrer Hand wahr, achten Sie darauf, wie tief Sie atmen, wie Sie sitzen oder stehen. Indem Sie sich auf die Empfindungen in Ihrem Körper – die Energie, die ihn belebt – einstimmen, werden Sie automatisch in das Hier und Jetzt zurückgeholt.

2. Stellen Sie den Lärm ab

Sensibilität wird durch Stille genährt. Wenn Sie innehalten und Ihrem Leben lauschen, werden Sie wahrscheinlich bemerken, dass Sie ständig von Lärm umgeben sind. Schließen Sie jetzt sofort die Augen und stimmen Sie sich auf Ihre Umgebung ein. Was ist angeschlossen, eingeschaltet und macht Lärm? Brummt ein Computer, läuft ein Fernseher im Hintergrund, oder macht jemand in einem anderen Teil des Hauses Krach? Klingeln Telefone, reden Leute oder surren Kopiergeräte in Ihrem Büro? Vielleicht leben Sie in einer verkehrsreichen Stadt, wo Pfeifen, Sirenen und Baulärm ganz normal sind. Wie auch immer, es ist wichtig zu wissen, dass solche Störungen sich auf Ihren Geist und Körper auswirken. Wenn es in Ihrer Umgebung zu laut ist, müssen Sie logischerweise einen Teil Ihrer Sinne dichtmachen, einfach um den akustischen Stress bewältigen zu können.

Es wird Ihnen viele Vorteile bringen, wenn Sie den Lärm in Ihrem Leben reduzieren. Wenn Frieden und Ruhe herrschen, fühlen Sie sich klar im Kopf und entspannt. Ihr Körper und Ihr Nervensystem werden in einen gesünderen, ausgeglicheneren Zustand wechseln, in dem das Kampf-oder-Flucht-System zur Ruhe kommt. Und Sie werden mehr Energie haben. Schließlich nimmt Ihr Körper jedes Geräusch auf und verarbeitet es, ob es Ihnen bewusst ist oder nicht, und die Verarbeitung von Geräuschen nimmt Energie in Anspruch. Aus diesem Grund fühlen sich viele Menschen erschöpft, nachdem sie sich eine Zeit lang auf einer großen Party oder in einem belebten Einkaufszentrum aufgehalten haben.

Ich blühe in der Stille auf. Zu Hause ist der Klingelton der Telefone meistens abgestellt, beim Fernsehen schalte ich die Werbespots stumm (obwohl digitale Aufzeichnungen diese

Angewohnheit schnell zu einer Sache der Vergangenheit machen), und ich arbeite sehr gern in einem Büro, in dem absolute Ruhe herrscht. Für mich gilt, je weniger Geräusche, umso besser. Ein ruhiger Raum verschafft mir beim Schreiben einen viel besseren Zugang zu Kreativität, Weisheit und Einsicht, und es fällt mir leichter, Probleme zu lösen. Antworten auf Fragen, mit denen ich zuvor gerungen habe, kristallisieren sich oft aus der Stille heraus.

Um eine Vorstellung davon zu bekommen, welchen Nutzen Sie daraus ziehen können, Lärm zu reduzieren, fangen Sie mit kleinen Schritten an. Statt morgens als Erstes die Waschmaschine einzuschalten, genießen Sie erst einmal die Ruhe im Haus, nachdem die Kinder sich auf den Schulweg gemacht haben. Versuchen Sie, früh am Arbeitsplatz zu sein, noch vor allen anderen, damit Sie erleben können, wie es ist, in einer ruhigeren Umgebung zu arbeiten. Schalten Sie während der Fahrt zum Büro hin und wieder das Radio aus und pendeln Sie im Stillen. Hören Sie auf, den Fernseher laufen zu lassen, während Sie schlafen.

Wenn Sie diese Veränderungen durchführen, werden Sie sich aller Voraussicht nach anfangs etwas unbehaglich fühlen, aber bleiben Sie dran. Sie werden in null Komma nichts an der Stille großen Gefallen finden.

3. Entziehen Sie sich der Gewalt

Weiterhin können Sie Ihre Sensibilität schützen, indem Sie sich nur selten allen möglichen Formen von Sensationsmeldungen und gewalttätigen Nachrichten aussetzen. Der Grad an Angst und Schrecken, die in den meisten Medienberichten enthalten sind, ist für das Nervensystem schädlich, und es wird immer

schlimmer. Programmhinweise im Fernsehen basieren fast immer auf Angst. Sie kennen solche Teaser: »Schalten Sie um 23
Uhr ein und Sie werden erfahren, welche Gefahren in Ihrem
Trinkwasser lauern!« oder: »Verpassen Sie die 17-Uhr-Nach-
richten nicht, um herauszufinden, ob zurzeit ein Sextäter in
Ihrer Nachbarschaft wohnt!« Die Nachrichten sind beängstigend, negativ und oft oberflächlich – und wenn Sie sie regelmäßig in sich aufnehmen, bleibt Ihnen gar nichts anderes üb-
rig, als abzuschalten, um den emotionalen Stress zu bewältigen.

Alles, was Sie gegen einen Aspekt des Lebens desensibilisiert,
bringt Sie dazu, weniger zu tolerieren als das, was Sie verdienen. Wenn Sie sich beispielsweise wiederholt stumpf machen
müssen, um die Nachrichten zu ertragen, wirkt sich dieser ab-
gestumpfte Zustand auf Ihr Leben im Großen und Ganzen
aus, und möglicherweise fällt es Ihnen dann leichter, spitze Be-
merkungen eines Mitarbeiters zu ignorieren. Aber ein Dichtmachen kann auch dazu führen, dass Sie wichtige Signale nicht
mehr mitbekommen. Vielleicht blenden Sie die ständigen Klagen Ihres Kindes aus, wie sehr es die Schule hasst, und überse-
hen dabei, dass es echte Probleme hat, die irgendeiner Art des
Eingreifens Ihrerseits bedürfen.

Ich sehe selten Nachrichten und werfe jegliche Werbung in
den Papierkorb, bei der Angst zur Übermittlung der Botschaft
eingesetzt wird. Stattdessen benutze ich das Internet, um mir
meine Informationsquellen auszusuchen. Die Startseite meines
Browsers ist so eingerichtet, dass sie nur die für mich wichtigsten Websites anzeigt, und wenn eine meiner Lieblingsquellen
anfängt, den Weg der angstbasierten Schlagzeilen zu beschreiten, entferne ich sie.

Ich liebe Talkradio, und es freut mich, dass Sendungen zum
Thema Persönlichkeitsentwicklung immer populärer werden.

Ich höre HayHouseRadio.com, National Public Radio oder Oprah & Friends auf XM Satellite Radio.

Sobald Sie stärker darauf achten, was Sie Ihren Augen und Ohren aussetzen, stellen Sie sich die Frage: »Fördert das meine Sensibilität oder nicht?« Entsprechend fällt dann Ihre Wahl aus.

4. Setzen Sie Menschen, die Ihnen nicht guttun, Grenzen

Gibt es Menschen in Ihrem Leben, die ihre Frustration, Wut, Enttäuschung, alten emotionalen Wunden oder unerledigten Geschäfte auf Sie abwälzen, ohne etwas zu unternehmen, ihr Verhalten zu ändern? Sie wissen schon, die Männer und Frauen, in deren Anwesenheit Ihnen angst und bange wird – diejenigen, die von Ihnen abverlangen, auf der Hut zu sein. Das Bedürfnis, sich vor ihnen zu schützen, ist ein Signal, dass Sie eine »unsichere Sensibilitätszone« betreten. Jeder, der Sie regelmäßig runterputzt, sich ständig darüber beschwert, wie schlecht es ihm geht, ohne irgendetwas daran zu ändern, Sie kritisiert oder Ihnen Ihre Energie entzieht, beeinträchtigt Ihre Fähigkeit, offenherzig und sensibel zu sein. Tatsächlich ist es sogar gefährlich, in einer derart schädlichen Umgebung offen und empfänglich zu sein.

Wir alle haben unsere nicht verheilten Wunden, und jeder von uns wird mit großer Wahrscheinlichkeit irgendwann perfekt in die Kategorie hineinpassen, für die Sensibilität eines anderen eine Bedrohung darzustellen. Das nennt sich dann »ein Mensch im evolutionären Prozess«. Nein, worauf ich mich hier beziehe, sind die Männer und Frauen, die sich weigern, Verantwortung für ihr Handeln zu übernehmen – diejenigen, die aus Kurzweil verletzen, die nichts anderes können, als zu

jammern und zu klagen, oder die sich einen Kick dadurch verschaffen, dass sie andere herabsetzen. Wenn es in Ihrem Leben
solche Menschen gibt, müssen Sie Ihre Sensibilität schützen,
indem Sie Grenzen setzen. Entweder müssen Sie ein ehrliches
Gespräch darüber führen, was sich ändern soll, die Zeit begren-
zen, die Sie in ihrer Gesellschaft verbringen, oder ihnen ganz
und gar aus dem Weg gehen. Egal wer es ist, jemand aus Ihrer
Familie, Freunde, Mitarbeiter, ein Vorgesetzter oder ein Nach-
bar, *niemand* hat das Recht, Sie Ihrer Sensibilität zu berauben.

5. Technik in den Griff bekommen

In der heutigen Zeit des »Lass mich zu dir, wann immer ich
will oder muss« müssen wir wachsamer als je zuvor sein im
Hinblick darauf, wie und wann wir Technik einsetzen, um unsere Sensibilität zu schützen. Über Handys, SMS und E-Mail
sind die meisten von uns 24 Stunden am Tag erreichbar. Und
es wird immer leichter werden, in Kontakt zu bleiben, sowie
die Technik immer persönlicher und erschwinglicher wird. Wir
müssen uns also daran erinnern, wer das Sagen hat – die Kunst
besteht darin, die Technik so zu steuern, dass wir *agieren* und
nicht reagieren.

Wie ich bereits erwähnte, habe ich zu Hause und in meinem
Büro den Klingelton der Telefone selten eingeschaltet. Früher,
als das noch anders war, verhielt ich mich wie ein pawlowscher
Hund und sprang beim Telefonläuten sofort auf. Ein läutendes
Telefon, der Piepston beim Eingang einer SMS oder E-Mail ist
für die meisten Menschen ein Aufruf zum Handeln. Wenn irgendeine Form von Alarm ausgelöst wird, sagt unser Gehirn
nicht nur: »Hey, es gibt etwas zu tun!«, sondern diese unge-
plante Unterbrechung aktiviert auch die Kampf-oder Flucht-

Reaktion unseres Körpers. Immer bereit und auf der Hut, da wird es schwierig, sich zu entspannen, wenn wir auf die nächste Unterbrechung warten. Um dem zu entgehen, sind bei mir Anrufbeantworter und Mailbox eingeschaltet, sodass ich Nachrichten nach Belieben bearbeiten kann.

Ein anderer wichtiger Weg, die Technik in den Griff zu bekommen, ist das sorgfältige Planen, wie und wann Sie auf Sprachnachrichten, E-Mails oder SMS antworten. Die Zeit, die Sie benötigen, um auf eine Nachricht zu reagieren, gibt den Empfängern einen klaren Hinweis auf Ihre Verfügbarkeit. Wenn Ihnen beispielsweise jemand eine E-Mail mit einer Frage schickt und Sie unverzüglich darauf antworten, bringen Sie dieser Person im Grunde bei, auch in Zukunft eine sofortige Antwort zu erwarten. Das kann heikel werden, falls Sie viele Telefonate oder Mails erhalten – und das gilt für viele von uns.

Auch wenn Ihr Job eine schnelle Reaktion Ihrerseits erfordert, machen Sie es sich zum Prinzip, nach anderen Möglichkeiten Ausschau zu halten, diese Zeitspanne auszudehnen, wann immer das möglich ist (oder die Notwendigkeit, zu antworten, ganz auszuräumen). Lassen Sie Freunde und die Familie wissen, dass es eine Woche dauern kann, bis Sie Nachrichten beantworten, statt 24 Stunden. Nehmen Sie sich auf der Arbeit mehr Zeit für die Beantwortung von nicht ganz so eiligen Mails. Suchen Sie außerdem nach Möglichkeiten, die Zahl der Mails insgesamt zu reduzieren. Wenn Sie Hunderte von Nachrichten pro Tag erhalten (eine traurige, aber wahre Tatsache in der heutigen Arbeitswelt), führen Sie Maßnahmen ein, um diese Belastung für Ihre Energie dramatisch zu reduzieren. Setzen Sie sich mit Mitarbeitern zusammen und diskutieren Sie Strategien, um die Zahl der Mails, die im ganzen Büro verschickt werden, einzudämmen. Glauben Sie mir, ein solches fruchtbares

Gespräch sollte in jedem Unternehmen, in dem es hektisch zugeht, Vorrang haben. Nehmen Sie die Leute aus der Verantwortung, damit sie nicht länger das Bedürfnis verspüren, sich abzusichern, indem sie Sie bei ihrem Austausch nachahmen. Oder gewöhnen Sie es sich an, die Nachrichten, die Sie aufbewahren müssen, sofort nach dem Lesen zu archivieren, sodass sie sich nicht mehr in Ihrem Eingangsordner anhäufen.

Verfallen Sie nicht dem Trugschluss, dass Sie, wenn Sie sich abhetzen und jedem antworten, sich Zeit freischaufeln, um sich endlich entspannen zu können. Das mag zwar auf einige zutreffen, aber die Erfahrung hat mich gelehrt, dass man solche Leute mit der Lupe suchen kann. Überlegen Sie mal … wann haben Sie das letzte Mal *alle* Nachrichten gecheckt und sich dann frei gefühlt?

6. Legen Sie die Stimmung fest

Die Art von Umgebung, die Ihnen am besten behagt, zu kennen, ist eine weitere Möglichkeit, sich Ihrer sensiblen Seite anzunehmen. Max, meine beste Freundin, zum Beispiel nimmt es mit guter Beleuchtung ganz genau. Weil sie grelles Licht hasst, hat sie Meisterschaft darin erlangt, Lampen einzusetzen, um in jedem Raum eine entspannte, friedliche Stimmung zu schaffen. Und mein Kollege Martin kennt immer das richtige Restaurant, wenn es darum geht, eine kleine Gruppe von Freunden oder Klienten zusammenzubringen. Er achtet nicht nur darauf, dass die Beleuchtung passt, sondern auch, dass der Geräuschpegel ungezwungenen Gesprächen zuträglich ist.

Was Sie angeht, vielleicht möchten Sie sich eine harmonischere Arbeitsatmosphäre schaffen, indem Sie eine Schreibtischlampe mit warmem Licht verwenden statt greller Leuchtstofflampen an der Decke. Behalten Sie auch hier im Hinterkopf, wie wichtig so kleine Details für Ihre Extreme Self-Care sein können.

❧ ❧ ❧

Es gibt so viele Möglichkeiten, wie Sie Ihre Sensibilität schützen können. Vielleicht beschließen Sie, sich nicht mehr der hektischen Energie der großen Einkaufszentren auszusetzen, indem Sie Ihre Einkäufe online erledigen. Sie könnten sich Kleidungsstücke, Betttücher oder Handtücher anschaffen, die so weich sind, dass sie sich wunderbar an Ihrer sensiblen Haut anfühlen. Möglicherweise finden Sie Gefallen daran, kleinere Dinnerpartys zu geben, sodass Sie ausreichend Zeit haben, um mit Freunden vertraulicher zu plaudern – auf diese Weise können Sie auch die Reizüberflutung umgehen, die sich bei größeren Gruppen einstellt.

Bevor wir die Herausforderung des Monats angehen, möchte ich noch ein Argument in Bezug auf Sensibilität und Kinder anbringen. Vor Jahren hatte ich eine Begegnung mit einer Mutter, die mich auf unvergessliche Weise gerührt hat. Diese Frau stand über eine Stunde in einer Schlange nach einem meiner Vorträge, nur um mir zu sagen, wie wichtig es für sie gewesen sei, von dem Konzept der Sensibilität als einer Gabe, die gewürdigt und geschützt werden muss, zu erfahren. »Die ganze Zeit dachte ich, ich würde meinem Sohn einen Gefallen tun, indem ich versuchte, ihn abzuhärten«, bekannte sie. »Statt seine sanftere, kreative Seite zu fördern, habe ich ihn dazu gedrängt, einen Beruf zu ergreifen, der gut bezahlt ist und ihm ein gutes, produktives Leben ermöglicht. Jetzt ist mir klar geworden, dass ich einen Fehler gemacht habe. Er ist ein talentierter junger Künstler, und obwohl ich ihn Verantwortung lehren muss, muss ich gleichzeitig seine sensible Seite unterstützen.«

Ich bin ganz ihrer Meinung. Fangen Sie früh damit an und lehren Sie Ihre Kinder, wie wichtig es ist, ihre Sensibilität zu schützen. Glauben Sie mir, das ist die Gabe, die ein reiches und bedeutungsvolles Leben fördert.

Extreme-Self-Care-Herausforderung: Schützen Sie Ihre Sensibilität

Bei der Herausforderung in diesem Monat dreht sich alles um den Schutz Ihrer Sensibilität. Zunächst einmal möchte ich, dass Sie Ihr Notizbuch oder Tagebuch für ein wenig Forschungsarbeit verwenden. Gehen Sie dieses Kapitel noch einmal durch und erstellen Sie eine Liste von allen Beispielen, die Sie unterstrichen haben. Beantworten Sie danach die folgenden Fragen. Diese sollen Ihnen helfen, fünf konkrete Möglichkeiten festzulegen, mit denen Sie in diesem Monat anfangen, Ihre Sensibilität zu schützen:

1. Wo müssen Sie in Ihrer Umgebung den Lärm reduzieren?

2. Wie werden Sie die Flut der gewalttätigen und beunruhigenden Nachrichten einschränken, von der Sie täglich überschwemmt werden?

3. Wer in Ihrem Leben zapft Ihnen Energie ab, löst Beklemmung bei Ihnen aus oder veranlasst Sie dazu, auf

der Hut zu sein? Wie werden Sie sich vor solchen Personen schützen?

4. Welche Veränderungen müssen Sie durchführen, um die Technik besser in den Griff zu bekommen, damit Sie auf die Bedürfnisse anderer eingehen können, statt einfach nur zu reagieren?

5. Welche Art von Umgebung brauchen Sie unter Berücksichtigung Ihrer fünf Sinne, um sich entspannt und präsent zu fühlen?

☙ ☙ ☙

Notieren Sie sich zu jeder Frage einen Handlungsschritt, den Sie in den nächsten 30 Tagen umsetzen. Nehmen Sie sich am Ende jeder Woche etwas Zeit und schreiben Sie auf, auf welche positive Weise diese Schritte Ihr Leben verändert haben.

Weiterführende Informationen

* Daryn Kagans Website (**www.darynkagan.com**) –
  eine großartige Site, die seinen Besucher mit guten
  Nachrichten, inspirierenden Geschichten und Hoffnung versorgt – Geschichten, die zeigen, was möglich
  ist.

* *Sind Sie hochsensibel? Wie Sie Ihre Empfindsamkeit erkennen, verstehen und nutzen*, von Elaine N. Aron, Ph.D.
  – ein wunderbares Buch, um Sensibilität zu verstehen
  und mit ihr zu arbeiten.

* *Das hochsensible Kind: Wie Sie auf die besonderen Schwä-
  chen und Bedürfnisse Ihres Kindes eingehen*, von Elaine
  N. Aron, Ph.D. – beschäftigt sich mit der Erziehung
  sensibler Kinder.

* Elaine Arons Website (**www.hsperson.com**) – sie bietet Selbsttests und hervorragende Informationen für
  hochsensible Menschen.

* *The Highly Sensitive Person's Survival Guide: Essential
  Skills for Living Well in an Overstimulating World*, von
  Ted Zeff, Ph.D. – ein Schritt-für-Schritt-Ratgeber,
  der Sie dazu befähigt, dass es Ihnen als hochsensibler
  Mensch gut geht.

PFLEGE-ZEIT

Gute Gesundheit bildet die Grundlage für ein gutes Leben. Auch wenn sich das Konzept der Extreme Self-Care auf alle Bereiche Ihres Lebens – Beruf, spirituelles Wohlbefinden, Beziehungen und so weiter – anwenden lässt, so wird doch jeder dieser Bereiche durch die Behandlung gefördert, die Sie dem erstaunlichen Vehikel angedeihen lassen, das Sie durchs Leben führt.

In den zwei Jahren während Michaels Krankheit erlebte ich am eigenen Leib, was es für eine Familie bedeutet, wenn ein Mitglied mit einem kritischen Gesundheitsproblem konfrontiert ist. Das Leben, so wie man es kennt, kommt zum Stillstand. Rollen werden getauscht, die Ehe wird belastet, finanzielle Zwänge stellen sich ein, und die ganze Welt dreht sich plötzlich nur noch darum, dass der geliebte Mensch wieder gesund wird. Angesichts einer solchen Krise kann man sich gar nicht oft genug die Botschaft einhämmern, die die meisten von uns schon irgendwann einmal gehört haben: »Ohne deine Gesundheit hast du nichts.« Der fürsorgliche Umgang mit Ihrem Körper ist eine der wichtigsten Investitionen von Zeit und Energie, die Sie machen können.

In diesem Monat liegt der Schwerpunkt auf Extreme Self-Care und dem Körper. Aber wir nehmen hier nicht die Aspekte unter die Lupe, über die normalerweise geschrieben wird – Ernährung, Sport und Gewichtsabnahme. Vielmehr konzentrieren wir uns auf die Maßnahmen, die Sie ergreifen können, um dafür zu sorgen, dass Ihr Körper sich in der besten Verfassung befindet, in der er *im Augenblick* sein kann.

Machen Sie eine Bestandsaufnahme
von Ihrer Gesundheit

Wenn wir allzu beschäftigt oder überlastet sind, passiert es uns leicht, dass wir unseren Körper für etwas Selbstverständliches halten. In den letzten Jahren habe ich von immer mehr Leuten gehört, die Termine, die unmittelbar mit ihrer Gesundheit und ihrem physischen Wohlbefinden zu tun haben, hinausschieben. Erst wenn wir vor ein Problem gestellt werden, wird uns bewusst, welchen Nutzen es hat, unseren Körper fürsorglich zu behandeln, *bevor* ein Problem auftritt.

Es gibt unterschiedliche Gründe, warum wir nicht die Versorgung erhalten, die wir verdienen. Bei vielen hat es mit ihrer finanziellen Situation und einer fehlenden Krankenversicherung zu tun, was in den USA für Millionen Menschen ein großes Problem ist. Ich kann mich noch gut daran erinnern, wie es war, sich keine Krankenversicherung leisten zu können, als ich damals meine Firma gründete und allein lebte. Jahrelang schob ich Arzttermine hinaus, bis ich eines Tages sehr krank wurde und erkannte, dass der fürsorgliche Umgang mit meinem Körper eine viel wichtigere Investition ist als alles andere auf meiner Ausgabenliste – Kleidung, Bücher und Ausgehen. Mein Körper gehörte ganz nach oben auf dieser Liste.

Sobald ich die Entscheidung getroffen hatte, meiner Gesundheit Vorrang einzuräumen, stellte ich Recherchen über die Optionen an, die mir angesichts meiner Lage zur Verfügung standen: eine Frau mit begrenztem Einkommen, Single, die mit ihrem Gehalt bis zum nächsten Gehalt gerade über die Runden kam. Ich stieß auf ein vom Staat Massachusetts gefördertes Programm, das eine preiswerte medizinische Grundversorgung für Hilfsbedürftige gestaffelt nach Einkommen bot. Diesen

Versicherungsschutz nahm ich zwei Jahre in Anspruch, bis ich die Gebühren selbst zahlen konnte. Dann war ich in der Lage, eine Versicherung, ebenfalls eine kostengünstige Option, abzuschließen, die Unfälle und Notfallversorgung abdeckte. Und als sich schließlich meine Einkommenssituation verbesserte, konnte ich mir einen höheren Versicherungsschutz leisten.

Worauf ich mit dieser Geschichte hinauswill, ist, dass Ihre Gesundheit von größter Bedeutung ist. Ob Sie nun Ihre Fähigkeiten und Qualifikationen gegen die Dienste anderer tauschen, wie etwa Massagen, Gesichtsbehandlungen oder Haarschnitt (was ich jahrelang tat), niedrigere Gebühren bei Gesundheitsdienstleistern als nicht versicherter Patient aushandeln (was ich auch tat), ein Programm in Ihrer Gemeinde finden, das finanzielle Unterstützung gewährt (gehen Sie nicht davon aus, dass es so etwas nicht gibt), oder Ihre Ausgaben in einem Bereich einschränken oder einstellen, um dann nötige Termine zur Gesundheitsfürsorge wahrnehmen zu können – die Versorgung und Pflege Ihres Körpers ist eine der besten Investitionen, die Sie vornehmen können.

Bei vielen von uns hat die Entscheidung, Arzttermine hinauszuschieben, auch mit Angst zu tun … der Angst davor, herauszufinden, dass etwas nicht stimmt. Aufgrund der umfassenden Medienberichterstattung und der Werbematerialien, die sich schwerpunktmäßig Krankheiten widmen, Informationen, von denen wir regelrecht überschwemmt werden, reagieren wir heutzutage wie nie zuvor hypersensibel auf Symptome und Krankheiten. Das hat zur Folge, dass wir still leiden, voller Sorge darum, dass wir möglicherweise irgendein ernstes Problem haben. Und so gehen wir Ärzten lieber ganz aus dem Weg.

Stellen Sie sich Ihren Körper als ein klassisches Automobil vor – einen wunderschönen Rolls-Royce – und halten Sie für

einen Moment inne und überlegen Sie sich, welche Pflege
dieses herrliche Vehikel brauchen könnte. Wahrscheinlich ist es
höchste Zeit für eine »Wartung«. Ergreifen Sie also die Gelegenheit und überprüfen Sie, welche Teile Ihres Körpers vielleicht Ihrer Aufmerksamkeit bedürfen.

Beantworten Sie zunächst die folgenden Fragen:

**1. Gibt es ein gesundheitliches Problem, das Ihnen Sor-
gen bereitet?** Etliche Klienten, mit denen ich früher gearbeitet habe, zögerten es Monate (und manchmal sogar
Jahre!) hinaus, bis sie einen verdächtigen Knoten oder ein
großes Muttermal untersuchen ließen, aus Angst, es könnte
etwas Schlimmes sein. Falls Sie von der Annahme ausgehen, dass Sie sich Seelenfrieden verschaffen können, indem Sie das Problem ignorieren, dann irren Sie sich ge-
waltig. Denn in Wahrheit ist Ihre Angst unterschwellig
immer vorhanden. Einem in Ihrem Computer versteckten
Virus oder einem Spyware-Programm gleich, verschlingt
Angst Energie und Ressourcen, auch wenn Sie das nicht
merken. Wenn Sie mir nicht glauben, dann denken Sie mal
an eine Zeit, als Sie beispielsweise endlich zum Zahnarzt
oder zur Mammografie gegangen sind, was Sie länger ver-
mieden hatten. Erinnern Sie sich noch daran, wie sicht-
lich erleichtert Sie danach waren, als man Ihnen Bescheid
gab, dass alles in Ordnung sei?

**2. Gibt es etwas an Ihrem Aussehen, das Sie hemmt
und verlegen macht?** Müssen Ihre Zähne gerichtet werden oder sind Ihre Füße so wund gescheuert, dass Sie nur
noch ein Paar Schuhe tragen können? Lichtet sich Ihr
Haar oder fühlen Sie sich unwohl wegen Ihrer schlechten

Haltung? Es kann sich enorm auf die Qualität Ihres Lebens auswirken, wenn Sie solche Probleme angehen.

Ich habe mal mit einer Frau gearbeitet, die wegen ihrer krummen Zähne so gehemmt war (und so viel Angst vor dem Zahnarzt hatte), dass sie nie lächelte. Ja, sie arbeitete wirklich hart daran, ihre Zähne *nicht* zeigen zu müssen. Jetzt stellen Sie sich vor, wie sich das auf ihr Gemüt und Ihre Stimmung auswirkte, ganz zu schweigen von der Qualität ihres ganzen Lebens, dass sie nie lächelte. Kein Wunder, dass diese Frau, sobald sie ihre Zähne richten ließ, sich wie ein völlig neuer Mensch fühlte. Auf einmal war das Leben ihr hold, schlagartig lernte sie neue Leute kennen, hatte Spaß mit Freunden und lachte auf eine Art, wie sie es seit Jahren nicht mehr getan hatte. Ihre Bereitschaft, sich ihrer Angst zu stellen und ihre Zahngesundheit vorrangig zu behandeln, verhalfen ihr zu einem ganz neuen Leben.

3. Ist ein routinemäßiger Check-up überfällig? Überprüfen Sie die folgende Liste, um herauszufinden, ob sie bestimmte Elemente der Selbstfürsorge enthält, die Ihre Aufmerksamkeit erfordern. Achten Sie beim Durchlesen darauf, welche Elemente eine »Ich habe vor, mich darum zu kümmern«-Reaktion auslösen:

* Hatten Sie im vergangenen Jahr eine umfassende medizinische Vorsorgeuntersuchung?

* Wann haben Sie das letzte Mal Ihre Augen kontrollieren lassen?

* Ist ein Zahnarztbesuch in Ordnung?

* Wie steht es mit Ihrem Rücken? Beabsichtigen Sie, einen Chiropraktiker aufzusuchen oder einen Termin bei einem Heilmasseur auszumachen?

* Sind Sie mit Ihren Haaren zufrieden oder sollten Sie für einen neuen Schnitt oder eine neue Haarfarbe zum Friseur gehen?

* Hatten Sie in letzter Zeit eine Maniküre oder Pediküre? (Ja, meine Frage richtet sich auch an den männlichen Leser!) Falls das nach Luxus klingen sollte, dann überlegen Sie mal, wie viel Arbeit Ihre Hände und Füße leisten, um Sie zu unterstützen!

* Wie sieht es mit einer Gesichtsbehandlung aus? Auch wenn Sie meinen, dass das reiner Luxus sei, glauben Sie mir – mit zunehmendem Alter werden Sie froh sein, Ihre Haut gut gepflegt zu haben.

* Steht ein Mammografie-Screening oder eine Prostatauntersuchung an?

Diese Aufzählung enthält nur einige Aspekte der grundlegenden Körperpflege und Gesundheitsvorsorge, die, wenn sie in Angriff genommen werden, viel dazu beitragen können, Ihre emotionale und körperliche Selbstfürsorge zu unterstützen.

Lassen Sie sich die Versorgung zuteilwerden, die Sie verdienen

Sobald Sie bereit sind, Ihre Aufschieberitis zu überwinden oder sich Ihrer Angst zu stellen und sich die Versorgung zuteilwerden lassen, die Sie verdienen, werden Ihnen die folgenden wichtigen Leitlinien der Extreme Self-Care dienlich sein:

1. Übernehmen Sie die Verantwortung für Ihre Gesundheit

So weit es Ihren Körper betrifft, müssen Sie, wenn Sie Extreme Self-Care praktizieren, als Erstes wissen, dass Sie die volle Verantwortung über Ihre Gesundheit zu übernehmen haben. Verlassen Sie sich nicht mehr einzig und allein auf das, was Ihnen Ärzte und andere Tätige im Gesundheitswesen vorschreiben. Das bedeutet, sich Kenntnisse über seinen Körper anzueignen: Hören Sie sich Gesundheitssendungen online oder am Radio an; lesen Sie Bücher über die Funktionsweise des Körpers; beschäftigen Sie sich mit Möglichkeiten im komplementär- oder alternativmedizinischen Bereich zusätzlich zu schulmedizinischen Behandlungsmethoden; verschaffen Sie sich Wissen über Ernährung, Sport, gesundes Kochen oder Methoden, Ihren Körper zu stärken. (Unter den »Weiterführenden Informationen« am Kapitelende habe ich einige meiner Lieblingssendungen und -websites aufgeführt.)

Im Laufe der Jahre habe ich mich zu einem Gesundheitsfan entwickelt. Ich liebe es, neue Möglichkeiten kennenzulernen, was ich für meinen Körper, meinen Geist und meine Seele tun kann. Ich habe es weit gebracht von der jungen Frau, die sich von Fast Food und Süßigkeiten ernährte und nur Sport trieb, wenn sie abnehmen wollte – jetzt bin ich jemand, der Obst und Gemüse aus kontrolliert biologischem Anbau kauft, jeden Tag trainiert, liebend gern über Durchbrüche und Fortschritte in der Medizin liest und viel über den Zusammenhang zwischen Lebensstilentscheidungen und Langlebigkeit schreibt.

Es erfordert Zeit und Einsatz, ein gebildeter und sachkundiger Patient zu werden, aber diese Investition lohnt sich. Sollte sich ein gesundheitliches Problem ergeben (was höchstwahrscheinlich irgendwann auch der Fall sein wird), werden Sie sich in höherem Maß befugt fühlen und in der Lage sein, kluge Entscheidungen zu treffen, sofern Sie ein gut informierter Beteiligter an Ihrer Gesundheit werden.

2. Hören Sie auf Ihren Körper

So viele von uns leben im Kopf, überfordert von all dem, was noch zu erledigen ist. Dadurch entgehen uns schließlich wichtige Signale von unserem Körper, die uns mit wertvollen Informationen versorgen.

Wie gut gehen Sie auf die Bedürfnisse Ihres Körpers ein? Essen Sie, wenn Sie hungrig sind, schlafen Sie, wenn Sie müde sind, gönnen Sie sich eine Pause, bevor Sie anfangen, sich überlastet zu fühlen? Zu lernen, solche Signale zu beachten, wird viel dazu beitragen, sich darüber auf dem Laufenden zu halten, was Sie tun müssen, damit Ihr Körper in gutem Zustand bleibt. Andererseits kann es Ihnen zu schaffen machen, wenn Sie diese Signale außer Acht lassen. Wenn Sie beispielsweise Rückenschmerzen nicht beachten, kann es eines Tages passieren, dass Ihr Rücken bei einer kleinen Bewegung von Ihnen seine Dienste ganz verweigert. Oder wenn Sie keine Notiz von Ihrem Hunger nehmen, haben Sie irgendwann so einen Kohldampf, dass Sie sich möglicherweise auf einen Verkaufsautomaten stürzen und Süßigkeiten zu Mittag in sich hineinstopfen.

Indem Sie lernen, Kopf und Körper miteinander zu verbinden, werden Ihnen Informationen bereitgestellt, die es Ihnen nicht nur ermöglichen, für Ihre körperliche Gesundheit zu sorgen, sondern die Sie auch dazu veranlassen, bessere Entscheidungen zugunsten ihres emotionalen und geistigen Wohlbefindens zu treffen. Wenn Sie innehalten, um sich mit Ihrem Körper kurzzuschließen, bevor Sie auf ein Verlangen eingehen, werden Sie höchstwahrscheinlich die optimale Entscheidung treffen. Und sowie Sie lernen, den Signalen, die Ihr Körper Ihnen jeden Tag sendet, Aufmerksamkeit zu schenken, werden Sie feststellen, dass er ein kluger und vertrauenswürdiger Partner ist.

Versuchen Sie jetzt gleich, auf die Empfindungen Ihres Körpers zu achten, indem Sie folgende Fragen beantworten:

* Haben Sie Hunger? Wenn ja, was braucht Ihr Körper wirklich, um sich genährt zu fühlen?

* Sind Sie müde? Haben Sie ausgeschlafen?

* Müssen Sie aufs Klo? (Es wird Sie vielleicht überraschen, wie viele Leute dieses wichtige Signal ignorieren!)

* Spüren Sie irgendwo eine Verspannung, ein Unbehagen oder einen Druck? Durchwandern Sie im Geiste Ihren Körper vom Kopf bis zu den Zehen.

* Welcher Teil Ihres Körpers fühlt sich schwach oder erschöpft an?

* Welcher Teil fühlt sich stark an?

* Fallen Ihnen irgendwelche Gefühle im Zusammenhang mit Ihrem Körper auf? Haben Sie ein flaues Gefühl in der Magengrube wegen eines Termins, den Sie wahrnehmen müssen, oder verspüren Sie ein Gefühl der Wärme und Aufregung im Herzen bei der Erinnerung an eine kürzlich stattgefundene Begegnung mit einer geliebten Person?

Je mehr Sie sich darin üben, sich auf Ihren Körper einzustimmen, umso mehr werden Sie auf kluge und intelligente Weise auf seine Bedürfnisse eingehen. Vergessen Sie dabei nicht: Wenn Sie auf Ihre Empfindungen achten, richten Sie Ihr Gewahrsein auf den gegenwärtigen Moment – den weisesten Ort, an dem man leben kann.

Und wenn Sie wahrnehmen, was Ihr Körper braucht, werden Sie anfangen, schnell und effektiv zu reagieren. Ihre Gefühle werden dann überaus nützliche Boten sein, die Ihr Handeln in Richtung Heilung lenken. Sie werden weniger Stress zulassen, weil Sie die Symptome schneller erkennen und entsprechende Maßnahmen ergreifen können. Und auf diese Weise beugen Sie auch Krankheiten vor.

3. Suchen Sie sich Gesundheitspartner und keine Eltern

Die Zeiten, in denen man seine Macht an im Gesundheitswesen Tätige abgegeben hat, sind längst vorbei. Als jemand, der jetzt Extreme Self-Care praktiziert, ist es unumgänglich, dass Sie sich Fachleute im Bereich der Gesundheits- und Körperpflege suchen, die Sie als einen gleichberechtigten, mündigen Partner behandeln, der aktiv an seiner Gesundheit beteiligt ist. Jeder, der Ihren Körper berührt – Arzt, Zahnarzt, Krankenpfleger, Masseur oder Friseur – sollte eine Person sein, der Sie vertrauen und von der Sie sich unterstützt fühlen. Das bedeutet, dass Sie Ihre Hausaufgaben machen müssen, um die für Sie besten Leute zu finden.

Interviewen Sie verschiedene Gesundheitsdienstleister, um sich ein tolles Team von Fachleuten aufzubauen, die Ihnen helfen, gut für Ihren Körper zu sorgen. Bei der Suche nach diesen

Fachleuten geht es darum, einen *Partner* zu finden, jemand, der Ihr Bemühen, für Ihre Gesundheit und Ihr Wohlbefinden im Großen und Ganzen verantwortlich zu sein, unterstützt, und keine Autoritätsfigur, die Ihnen vorschreibt, was Sie tun sollen. Diese Person sollte mit Kranken gut umgehen können und die Fähigkeit besitzen, auf alle Ihre Fragen und Belange professionell und leicht verständlich einzugehen, vor allem solche, die zu besprechen Sie sich scheuen.

Um die Art von Gesundheitsdienstleistern zu finden, die Sie am besten versorgen, können Sie bei Ihren kritischsten Freunden und Familienmitgliedern anfangen und diese nach Empfehlungen befragen. Setzen Sie sich dann mit Krankenschwestern oder Pflegern in Verbindung – sie sind eine wunderbare Quelle für medizinische Informationen und Empfehlungen. Aller Wahrscheinlichkeit nach gibt es jemanden in Ihrem Leben, der eine Krankenschwester oder einen Pfleger kennt.

Abgesehen von den üblichen Fragen über Hintergrund, Erfahrung und Ausbildung können Sie auch die folgenden stellen, wenn Sie Partner interviewen:

* Welche grundlegenden Ansichten vertreten Sie, was Gesundheit anbelangt?

* Können Sie Ihren idealen Klienten/Patienten beschreiben?

* In welchem Maße stehen Sie Ihren Klienten/Patienten zur Verfügung und sind für sie zu sprechen? Wie setzt man sich am besten mit Ihnen in Verbindung?

* Wie lange haben Sie vor, in dieser Praxis zu bleiben?

Stellen Sie jedoch nicht nur diese Fragen, sondern achten Sie auch darauf, wie es Ihnen bei dem Besuch geht und was Ihnen auffällt. Fragen Sie sich selbst:

* Wie hat mir die Büroumgebung gefallen?

* Waren die Mitarbeiter freundlich und sympathisch für meinen Geschmack?

* Musste ich länger warten, als mir lieb war? Wurde ich darüber informiert, dass es länger dauern würde?

* Wurde meine Privatsphäre respektiert und geschützt?

* Habe ich mich dabei wohlgefühlt, Fragen zu stellen?

* Habe ich mich entspannt oder gehetzt gefühlt?

* Erhalte ich Rückrufe in einem Zeitrahmen, mit dem ich zufrieden bin?

Wie das Gefühl, das Sie nach einem großartigen ersten Date verspüren, sollten Sie nach Ihrer Begegnung mit einem Gesundheitsdienstleister die Praxis mit einem guten Gefühl verlassen.

Sobald Sie einen Arzt, einen Zahnarzt, einen Friseur oder eine Kosmetikerin gefunden haben, die Ihnen zusagen, geht es als Nächstes darum, ein verantwortungsbewusster Partner zu werden – jemand, der erkennt, dass es letzten Endes in seiner Verantwortung liegt, gut für seinen Körper zu sorgen. Das bedeutet, dass Sie sich im Voraus Ihre Fragen überlegen, Recherchen über alle Ihre Optionen anstellen, die Produkte oder Geräte kennen, die an Ihrem Körper zur Anwendung kommen, und sich über Ihre Bedürfnisse im Klaren sind, sodass Sie sie sofort kommunizieren können.

4. Finden Sie die
richtige emotionale Unterstützung

Höchstwahrscheinlich wird sich irgendwann in Ihrem Leben ein gesundheitliches Problem ergeben (oder die Notwendigkeit zu einem Termin), das Sie ängstlich oder nervös macht. In einer solchen Situation wird Unterstützung – die richtige Unterstützung – viel ausmachen. Zu wissen, an wen Sie sich wenden können, wenn Sie in einer gesundheitlichen Krise die Gegenwart einer beruhigenden Person benötigen, ist von wesentlicher Bedeutung bei der Praxis der Extreme Self-Care.

Meine Kollegin Pam weiß, dass bei einer ärztlichen Untersuchung, die vielleicht schmerzhaft ist, ihr Partner *nicht* die richtige Begleitperson ist. Ihnen beiden genügte eine Erfahrung, um festzustellen, dass ein Sofa in der Nähe sein sollte für den Fall, dass er umkippt. Mein Mann dagegen ist ein kompetenter Arzt und jemand, der verlässliche emotionale Unterstützung bieten kann, weswegen er meine erste Wahl ist, wenn ich angesichts eines gesundheitlichen Problems Trost und Hilfe brauche.

Wenn Sie erkranken und Zuwendung benötigen, sollten Sie eine Person mit einem niedrigen Wert auf der Dramen-Skala wählen, jemand, um den Sie sich nicht kümmern müssen, wenn es mal kritisch wird. Tatsache ist, dass es manchmal am besten ist, anderen *nicht* zu erzählen, was mit einem los ist, solange nicht alle notwendigen Informationen und Details vorliegen. Wenn Sie beispielsweise wissen, dass Ihre Schwester ausrasten wird, sobald sie von dem Knoten erfährt, den man beim

Mammografie-Screening bei Ihnen entdeckt hat, sollten Sie sie wohl lieber nicht anrufen, nachdem man Sie gerade in Kenntnis gesetzt hat, dass weitere Untersuchungen erforderlich sind. Eine bessere Entscheidung könnte sein, Ihre beste Freundin oder Ihren Therapeuten anzurufen. Und falls Ihr Partner oder Verlobter in tausend Ängsten schwebt, weil Sie krank sind, sollten Sie vielleicht die Nacht bei einer guten Freundin verbringen, wenn Sie nach einem Eingriff nach Hause entlassen werden, einfach um sicherzustellen, dass Sie sich in der Genesungsphase wirklich ausruhen können.

Es gibt viele Möglichkeiten, sich die Unterstützung zu beschaffen, die Sie verdienen, wenn gesundheitliche Probleme Ihnen Sorgen bereiten. Sie können einen Familienangehörigen bitten, Ihnen bei der Suche nach einem einfühlsamen Zahnarzt zu helfen und Sie zum Termin zu begleiten. (Falls Sie Angst vorm Zahnarzt haben, sind Sie nicht allein. Auch bei meinen Klienten ist sie die Hauptangst.) Oder Sie können einen Freund fragen, Internetrecherchen über eine bestimmte Krankheit anzustellen, um von dem, was Sie sehen, nicht überwältigt oder verängstigt zu werden.

5. Wissen, was Sie wissen müssen, wenn Sie es wissen müssen

Wann immer eine Untersuchung an meinem Körper durchgeführt wird – Mammografie, Ultraschall, Allergietest, Bluttest oder was auch immer –, beherzige ich stets folgende Punkte:

✻ Ich finde heraus, wie lange es genau dauert, bis ich die Resultate bekomme, und wie und wann genau ich informiert werde.

❈ Ich bitte darum, dass die Ergebnisse nicht nur meinem Hausarzt übermittelt, sondern auch direkt zu mir ins Heimbüro gefaxt werden. (Wir alle haben das Recht auf Zugriff auf unsere Krankenakten.)

❈ Ich verfolge die Angelegenheit sofort weiter, sobald die Resultate vorliegen.

Im Laufe der Jahre habe ich mir ein recht gutes Wissen darüber angeeignet, medizinische Testergebnisse zu deuten und zu verstehen. Weil ich eine aktive Rolle in meiner Gesundheitsfürsorge übernommen habe und wissen will, was mit meinem Körper los ist, habe ich es mir zum Prinzip gemacht, mit den Ärzten und Nurse Practitioners (dt. selbstständig und eigenverantwortlich arbeitende Pflegeexperten mit Masterabschluss oder Promotion) zu arbeiten, die Informationen frei und offen teilen. Vielleicht ist es nicht jedermanns Sache, Testergebnisse direkt zu erhalten. Sie müssen wissen, was für Sie gut ist.

Manchmal ist es besser, wenn Ihr Arzt die Ergebnisse erhält und sie durchdenkt, bevor er sie mit Ihnen bespricht. Hauptsache ist, dass Sie wissen, was *Sie* wissen müssen, um sich sicher und unterstützt zu fühlen, wenn Sie es wissen müssen.

Die moderne Medizin verfügt mittlerweile über beispiellose Möglichkeiten, eine Menge gesundheitlicher Probleme zu behandeln und zu heilen. Fangen Sie also an, sich befugt zu fühlen, was Ihre Gesundheit betrifft. Ihr Körper ist ein erstaunliches Vehikel, das Sie durch diese Reise, Leben genannt, führt. Regelmäßige Check-ups, frühzeitige Krankheitserkennung und Pflegetermine, die zu seiner Versorgung beitragen, sind allesamt Teil Ihrer guten Selbstfürsorge.

Extreme-Self-Care-Herausforderung:
Gehen Sie fürsorglich mit Ihrem Körper um

Bei der Herausforderung in diesem Monat steht Ihr fürsorglicher Umgang mit Ihrem Körper im Mittelpunkt. Es ist Zeit, auf ihn zu hören, um herauszufinden, was er braucht, sodass Sie entsprechende Arzttermine, die vielleicht schon überfällig sind, ausmachen können. Ich möchte also, dass Sie sich in den nächsten 30 Tagen mit zwei Dingen beschäftigen:

1. Üben Sie sich darin, **sich auf Ihren Körper einzustimmen**, indem Sie regelmäßig innehalten und darauf achten, wie Sie sich fühlen. Fühlt sich Ihr Nacken verspannt an? Müssen Sie aufs Klo gehen? Haben Sie Hunger? Treffen Sie Entscheidungen, die sich im Bauch gut anfühlen?

Damit Sie bei der Sache bleiben, beschriften Sie zwei Schilder mit SETZ DICH MIT DEINEM KÖRPER IN VERBINDUNG. Hängen Sie ein Schild am Badezimmerspiegel auf und deponieren Sie das andere an einer Stelle, die Sie den ganzen Tag im Blick haben – Sie könnten es an Ihrem Handy befestigen oder irgendwo in Ihrem Büro anbringen.

Nehmen Sie sich dann jeden Morgen beim Zähneputzen ein bisschen Zeit, um einen Körperscan durchzuführen. Durchwandern Sie im Geist Ihren Körper vom Scheitel bis zu den Zehenspitzen und achten Sie nur auf Ihre Empfindungen. Schenken Sie den Stellen Aufmerksamkeit, an denen Sie Verspannung, Druck oder Schmerz wahrnehmen. Setzen Sie sich im Laufe des Tages immer mal wieder mit Ihrem Körper in Verbindung und fragen Sie ihn, was er braucht.

2. Weil die Pflege Ihrer Gesundheit ein kontinuierlicher Prozess ist, ist es hilfreich, **einen Handlungsplan zu erstellen**, der einen Überblick über die Art von Pflege gibt, um die Sie sich in naher Zukunft kümmern wollen. Zu diesem Zweck setzen Sie sich erst einmal mit Ihrem Körper in Verbindung, um in Erfahrung zu bringen, was er braucht. Schließen Sie die Augen und scannen Sie Ihren ganzen Körper. Überprüfen Sie Ihren Kopf, Ihren Nacken, die Schultern, die Arme, die Hände, den Oberkörper, Hüften, Beine und Füße – welche Bereiche erfordern Ihre Aufmerksamkeit? Müssen Ihre Haare geschnitten oder wieder gefärbt werden? Wie sieht es mit einem Termin beim Augenarzt aus? Ist eine Massage in Ordnung? Wie lange ist es her, dass Sie einen Check-up beim Arzt hatten oder einen PAP-Abstrich?

Sobald Sie eine Vorstellung davon haben, worum Sie sich kümmern müssen, machen Sie sich eine Liste mit den fünf wichtigsten Maßnahmen, die Sie in den nächsten paar Monaten in Angriff nehmen werden. Wenn Ihnen ein Problem Sorgen bereitet, wäre der erste Listeneintrag der Anruf bei einer Freundin oder einem Familienangehörigen, um sich Unterstützung zu holen. Als meine Klientin Leah beschloss, ihre Angst zu überwinden und mit 51 Jahren zum ersten Mal zur Mammografie zu gehen, rief sie ihre Schwester an und bat sie darum, sie an die Vereinbarung des Termins zu erinnern. Dann nahm sie ihre Schwester zu ihrer emotionalen Unterstützung mit.

Bringen Sie Ihren Gesundheitsplan an einer Stelle an, die Sie immer im Blick haben, und fangen Sie an, die Termine in Einklang mit Ihrem Zeitplan und Ihrer finanziellen Lage auszumachen.

Weiterführende Informationen

❊ WebMD (**www.webmd.com**) – eine zuverlässige Quelle mit vielfältigen Gesundheits- und medizinischen Informationen.

❊ Women to Women (**www.womentowomen.com**) – eine großartige Website zum Thema weibliche Gesundheit, die alternative und traditionelle Methoden vereint, um Geist, Körper und Seele zu stärken.

❊ Dr. Mehmet Oz' Show auf XM Satellite Radio, zu finden auf Oprah & Friends Network. Diese fantastische Sendung bietet eine Fülle an Gesundheitsratschlägen rund um Emotionen, Körper und Geist.

❊ Das World Center for Emotional Freedom Techniques (**www.emofree.com**) – es widmet sich den neuen »Klopftherapien« (Emotional Freedom Techniques (dt. Techniken der Emotionalen Freiheit, kurz EFT), die bei allen möglichen Problemen angefangen von Schlaflosigkeit und Phobien bis hin zu Ängsten, Panikattacken und Begierden helfen können.

❊ *Frauenkörper – Frauenweisheit. Wie Frauen ihre ursprüngliche Fähigkeit zur Selbstheilung wiederentdecken können*, von Christiane Northrup, M.D. – einer meiner Dauerfavoriten, was Gesundheitsbücher für Frauen betrifft.

SCHMECKT
DIESE WUT GUT?

Eines ruhigen Nachmittags stieß ich beim Shoppen auf eine frustrierte Angestellte, die ihre Wut an mir ausließ. Als ich die Umkleidekabine mit ein paar Kleidungsstücken auf dem Arm verließ, schrie mich die junge Frau an – sie brüllte regelrecht –, weil ich sie nicht auf eine nahe gelegene Ablage zurückgelegt hatte. Als ich anfing zu erklären, dass ich die Sachen kaufen wollte, unterbrach sie mich kurzerhand und setzte ihre Maßregelung in herablassendem Ton fort: »Ich habe Ihnen doch gesagt, dass Sie die Sachen hier hinlegen sollen!«

Sofort spürte ich das Signal in meinem Körper, das mich wissen ließ, den Mund aufzumachen. Ich pflegte die Anspannung im Nacken und den Schultern zu ignorieren, aber das war früher einmal. Erkennend, dass diese junge Frau die Grenze der Zumutbarkeit überschritten hatte, sagte ich schnell (mit sehr fester Stimme): »Schweigen Sie und hören Sie mir zu. Ich sagte, dass ich vorhabe, diese Sachen zu kaufen. Reden Sie bitte nicht in diesem Ton mit mir.«

Überrascht über meine Reaktion sah sie auf und erwiderte: »Oh, tut mir leid. Kein Problem.« Dann setzte sie ihre Tätigkeit fort.

Kein Problem?, dachte ich. *Was ist denn heutzutage mit den Leuten los?* Trotzdem fühlte ich mich klar und gestärkt und nicht wie aus heiterem Himmel getroffen und aufgebracht, als ich den Umkleideraum verließ. Anstatt so wie früher zu reagieren – mit *ihrer* Frustration in meinem Körper wegzugehen –, ließ ich sie dort, wo sie hingehörte, und setzte meinen Einkauf fort.

Später an diesem Abend erzählte ich meiner Freundin Max von diesem Vorfall, und wir sprachen darüber, dass so viele Leute, vor allem Frauen, sich unangemessenes Verhalten gefallen lassen. Statt den Mund aufzumachen (eine angemessene

Reaktion auf unhöfliches, grobes Verhalten), ist der Wunsch, dem Konflikt auszuweichen oder die Gefühle eines anderen zu schützen, stärker. Wir halten also den Mund und schlucken unseren Ärger hinunter – eine Entscheidung mit gravierenden, langfristigen Konsequenzen. Freundschaften werden im Laufe der Zeit unter der Last unausgesprochener verletzter Gefühle untergraben, Ehen werden geschieden, weil der lähmende Schmerz von chronischem Groll nicht mehr auszuhalten ist, oder die Gesundheit leidet darunter, während wir uns ein weiteres Mal zum Kühlschrank begeben, um unseren Ärger mit Essen hinunterzuschieben.

Im Laufe der Jahre habe ich gelernt, den Botschaften meines Körpers aufmerksam zu lauschen. Daher weiß ich, wann ich auf mich aufpassen muss, indem ich den Mund aufmache (und ich weiß auch, wann ich mich in Zurückhaltung üben muss). Inzwischen erkenne ich die Warnsignale, die mir mitteilen, was ich zu tun habe.

Wie sieht es bei Ihnen aus? Welche Signale sendet Ihnen Ihr Körper normalerweise, wenn Sie mit angemessenem Verhalten konfrontiert werden? Schnürt sich Ihnen die Kehle zusammen, durchziehen Wellen des Unbehagens Sie, spüren Sie, wie Ihr Gesicht erglüht? In dem Maße, in dem Ihre Achtsamkeit zunimmt, werden Sie feststellen, dass Ihr Körper zu einem Verbündeten wird, einer Art Barometer, das Ihnen sagt, wann und wie eine ungebetene Kritik, eine abfällige Bemerkung oder eine scharfe Maßregelung angegangen werden muss.

Keine Bewegung!

Wie reagieren Sie typischerweise auf Sarkasmus, unsensible Äußerungen oder unangemessenes Verhalten? Wenn Sie wie die meisten Leute sind, finden Sie sich wahrscheinlich in einer Situation wieder, in der jemand unvermutet eine unhöfliche Bemerkung macht und Sie zur Salzsäule erstarren, völlig reglos und außerstande, ein Wort herauszubringen. Im Gespräch mit Frauen darüber, wie sie ihren Ärger zeigen, beschreiben sie dieses Szenario am häufigsten. Sie werden wie aus heiterem Himmel von einem Rüpel getroffen, sind wie gelähmt und sprachlos und geißeln sich hinter dafür, geschwiegen zu haben. Oder sie grübeln stundenlang darüber, was sie hätten sagen können, und beschimpfen sich dafür, nicht schlagfertig gewesen zu sein.

Wenn sich jemand unhöflich und grob verhält, kommt es nicht selten vor, dass es einem die Sprache verschlägt. Es ist, als ob ein Teil unseres Gehirns sagen würde: »Warte mal, *das* hat er doch nicht gesagt, oder?« Oder: »Ich kann sie unmöglich richtig verstanden haben.« Es ist plausibel, dass es uns schwerfällt, einen Kommentar, der derart unserer Natur widerspricht, schnell zu verarbeiten und darauf zu reagieren.

Auch eine allzu vertraute Erfahrung, die eine alte Reaktion auslöst, könnte hier am Werk sein. Anders ausgedrückt, wenn Sie mit einer Mutter, einem Vater oder einer anderen Bezugsperson aufgewachsen sind, die zu jähen Ausbrüchen, Sarkasmus neigte oder dazu, Sie vor anderen zu demütigen, haben Sie vielleicht gelernt, *nicht* zu reagieren, um sich so zu schützen. Schweigen war womöglich Ihre beste Verteidigung. Wenn Sie dann erwachsen sind und sich jemand auf ähnliche Weise verhält, wodurch diese frühere Erfahrung aktiviert wird, fallen Sie wieder in Ihr altes Reaktionsmuster zurück. Plötzlich sind Sie nicht mehr 40 Jahre alt, sondern acht, und Ihre Bewältigungsstrategie besteht darin, den Mund zu halten.

Egal warum Sie still bleiben, Sie zahlen einen hohen Preis, wenn Sie Ihren Ärger hinunterschlucken. Es gibt wenige Dinge, die das Selbstwertgefühl schneller untergraben als das Dulden von unangemessenem Verhalten. Ob Sie sofort etwas sagen oder damit noch ein wenig warten, um, falls Sie die Gelegenheit dazu haben, sich zu sammeln oder Ihre Gefühle zu verarbeiten, Extreme Self-Care bedeutet, Ihre Stimme zu erheben.

Meiner Erfahrung nach funktioniert eine einfache Methode am besten. Wenn Sie also das nächste Mal mit ungehobeltem Verhalten konfrontiert werden, versuchen Sie es mit dem folgenden Ansatz:

1. Halten Sie inne und nehmen Sie zur Kenntnis, was gerade passiert ist – stopfen Sie es nicht in sich hinein. Bevor Sie etwas sagen, lassen Sie sich eine Minute Zeit, um das Gehörte aufzunehmen. Wenn es sich für Sie richtig anfühlt, etwas zu sagen, gehen Sie zum nächsten Schritt über. Ansonsten entfernen Sie sich in einem Akt der Selbstfürsorge, ohne die Person anzusprechen. Sie können sich dann mit einer verlässlichen Person in Verbindung setzen, um mit ihr darüber zu reden.

2. Holen Sie tief Luft und sprechen Sie aus, was Ihr Herz bewegt (nach Möglichkeit mit Anstand und Liebe). Sagen Sie, was Sie zu sagen haben, und zwar in Form einer Ich-Botschaft. Vielleicht müssen Sie jemandem sagen, dass er sein Verhalten sein lassen soll, was Sie so

formulieren könnten: »Ich kann es nicht fassen, dass Sie gerade so mit mir geredet haben, und ich muss Ihnen sagen, das ist nicht in Ordnung.« Oder vielleicht müssen Sie jemandem Einhalt gebieten, der Sie in der Öffentlichkeit in Verlegenheit bringt: »Ich bin nicht bereit, dieses Gespräch hier weiterzuführen. Ich bitte Sie, jetzt aufzuhören, damit wir woanders unter vier Augen reden können.«

3. Versuchen Sie nicht, die andere Person zu ändern, sie dazu zu bringen, Ihre Sicht der Dinge zu sehen, oder Ihren Standpunkt zu verteidigen. Bleiben Sie auf Ihrer Seite des Problems, indem Sie einfach Ihre Gefühle äußern und was Ihrer Meinung nach geschehen muss, damit Sie sich respektiert und sicher fühlen.

4. Gehen Sie notfalls weg.

Wenn Sie lernen, Ihre Stimme zu erheben, werden Sie anfangs bestimmt Fehler machen. Vielleicht sind Sie zu schroff, stolpern über Ihre Worte, erklären sich übertrieben oder sagen das Falsche. Entspannen Sie sich, Sie sind ein Mensch – das gehört einfach zum Lernprozess. Wenn Sie es vermasselt haben und sich unwohl fühlen, wie Sie mit der Situation umgegangen sind, dann zeigen Sie Größe, indem Sie sich später entschuldigen. Wichtig ist, dass Sie sich daran erinnern, *dass niemand das Recht hat, seine Frustration, seinen Stress oder »schlechten Tag« an Ihnen abzureagieren.* Eine einfache Reaktion wie »Hören Sie bitte auf, das finde ich nicht in Ordnung« ist eine gute Möglichkeit, damit anzufangen, sich selbst zu schützen.

Die Macht der Zurückhaltung

Wenn Sie der Empfänger von unhöflichem Verhalten sind, geht es darum, dass Sie Ihre Stimme erheben, statt Ihren Ärger hinunterzuschlucken und letzten Endes Ihrem Körper und Ihrer Seele Schaden zuzufügen. Aber was sollen Sie tun, wenn jemand Sie in Rage gebracht hat und Sie versucht sind, aus der Haut zu fahren und selbst unhöflich zu werden? Wie praktizieren Sie Extreme Self-Care, wenn Sie die Person am liebsten erwürgen würden? In diesem Fall ist es das Ziel, dass Ihre Selbstachtung intakt bleibt.

Manchmal erfordern die Umstände eine sofortige Reaktion. Aber dann wiederum gibt es Zeiten – wenn Sie überrumpelt werden und sich aus heiterem Himmel getroffen fühlen, oder wenn Sie erkennen, dass Ihre emotionale Reaktion übertrieben ist, weil auf eine alte Wunde gedrückt wurde –, in denen es entscheidend ist, Abstand zu gewinnen und sich zu zentrieren, bevor Sie einen Tobsuchtsanfall bekommen und später Ihr Verhalten bedauern.

Es gibt Zeiten im Leben, in denen eine gute Dosis Zurückhaltung viel dazu beiträgt, die Beziehung, sowohl mit Ihnen selbst als auch mit anderen, zu retten. Ich erinnere mich an ein Gespräch, das ich einmal mit einer Kollegin führte. Es ging um eine E-Mail, die sie erhalten hatte und die sie sehr wütend machte. Glücklicherweise war sie so vernünftig gewesen, mich anzurufen, statt sofort zu antworten und mit schwerem Geschütz aufzufahren. Während dieses Gesprächs (eine Kollegin hatte sich offenbar ihre Idee als Verdienst angerechnet) wies ich darauf hin, dass Zurückhaltung in dieser Situation eine weise Entscheidung sein könnte. Bevor sie diese Kollegin des Betrugs beschuldigte, sollte sie erst einmal Abstand gewinnen, sich wieder fangen und mit klarem Kopf darüber nachdenken, wie sie darauf am besten reagieren sollte.

Bestimmt haben Sie schon ähnliche Situationen erlebt. Vielleicht hat ein Mitarbeiter im Beisein Ihrer Kollegen etwas ganz Blödsinniges zu Ihnen gesagt, und Sie sind so wütend geworden, dass Sie aus dem Zimmer gestürmt sind. Oder Sie befanden sich schon wieder mitten in demselben alten Streit mit Ihrem Sohn oder Ihrer Tochter und hörten sich selbst törichte Dinge schreien, die Ihnen, wie Sie in diesem Moment auch genau wussten, später leidtun würden. In solchen Situationen kann Zurückhaltung ein wertvolles Instrument sein – das Energie schont und jede Menge verletzter Gefühle erspart.

Zurückhaltung ist eine kluge Entscheidung, wenn:

※ Sie nicht klar denken können,

※ Ihnen nach Schreien zumute ist,

※ Ihre emotionale Reaktion sich stärker anfühlt, als es in der aktuellen Situation angebracht ist,

※ Wellen des Unbehagens Sie durchziehen und Sie sich zu einer Reaktion gezwungen fühlen,

※ Sie wütend sind und wissen, dass Sie höchstwahrscheinlich etwas ganz Gemeines oder Dummes sagen, was Sie später bereuen werden.

Wir alle werden mal in Rage gebracht. Das gehört zum Leben dazu. Aber Entwicklung hängt von unserer Fähigkeit ab, bessere Entscheidungen zu treffen.

Die folgenden Tipps können Ihnen helfen, Extreme Self-Care zu praktizieren, indem Sie Ihre Wut verantwortungsbewusst zeigen, sodass Sie Ihre Beziehung mit sich selbst und anderen schützen können:

1. Schließen Sie die Augen und atmen Sie. Bei einer unliebsamen Überraschung wird das Kampf-oder-Flucht-System Ihres Körpers aktiviert, und es ist, als ob alle Systeme plötzlich in höchster Alarmbereitschaft wären. Das bedeutet, dass Sie im Überlebensmodus funktionieren – was nicht gerade förderlich für kluge, wohlüberlegte Entscheidungen ist. Indem Sie die Augen schließen und ein paarmal langsam und tief Luft holen, bringen Sie unverzüglich Ihr Gehirn dazu, Alphawellen zu erzeugen, die Art von Mustern, die Sie sanft wieder zur Ruhe kommen lassen.

2. Suchen Sie sich eine verlässliche Person, bei der Sie Ihrem Ärger Luft machen können. Die Betonung liegt hier auf *verlässlich*. Seien Sie sich sicher, dass die gewählte Person gut zuhören kann und es Ihnen ermöglicht, Ihre Gefühle zu verarbeiten. Wählen Sie niemanden, der das Drama einfach noch verstärkt und Sie damit noch anstachelt, was für ein Unrecht Ihnen geschehen ist.

3. Holen Sie weitere Informationen ein. Fragen Sie nach, bevor Sie die andere Person zur Rede stellen. Wenn Sie sich beispielsweise über eine E-Mail aufgeregt haben, fragen Sie den Absender, was er denn damit eigentlich sagen will. Inzwischen wissen die meisten von uns, dass uns bei der elektronischen Kommunikation oft die Nuancen und der Ton in der Nachricht einer Person entgehen. Stellen Sie sicher, dass Sie alle Fakten beisammenhaben, bevor Sie jemand einer schädigenden Handlung beschuldigen. Als meine Freundin, die sich über eine Kollegin aufregte, da diese anscheinend ihre Idee übernommen hatte, sich beruhigt und sich nach Einzelheiten erkundigt hatte, fand sie heraus, dass ihre Idee keineswegs geklaut worden war. Durch ein Versehen war ihr Name in einem Dokument weggelassen worden.«

4. Führen Sie ein vernünftiges Gespräch mit der beteiligten Person. Denken Sie daran, in der Ichform zu sprechen und die Person einfach wissen zu lassen, wie Sie sich fühlen und was Sie brauchen. Wenn Ihnen an der Person etwas liegt, sollten Sie auch daran denken, zu Beginn Ihres Austausches die Beziehung zu würdigen.

Meine Schwester Kerri hat in ihrem Büro ein Schild, auf dem LASS ES ABKÜHLEN! steht. Es dient ihr als Mahnung, über etwas Gras wachsen zu lassen, bevor sie reagiert. Wenn Sie sich das nächste Mal im »Überreaktionsmodus« wiederfinden, drücken Sie auf die Pause-Taste. Indem Sie die Wahl treffen, einen Schritt zurückzutreten und von einer sofortigen Reaktion Abstand zu gewinnen, schonen Sie nicht nur Ihre Beziehungen, sondern bewahren sich auch Ihre Selbstachtung.

Extreme-Self-Care-Herausforderung:
Erheben Sie Ihre Stimme

In diesem Monat geht es darum, dass Sie Ihre Wahrheit aussprechen, und ja, das kann auch bedeuten, Ihre Wut zum Ausdruck zu bringen. Ich lege Ihnen jetzt nicht nahe, dass Sie Ärger und Streit suchen sollten. Vielmehr sollten Sie sich jener Situationen bewusster werden, in denen Sie ein guter Verwalter Ihrer Interessen sein müssen, nämlich Ihrer Extreme Self-Care.

Viele Szenarien können eine Herausforderung für Sie darstellen, Ihre Stimme zu erheben, statt Ihren Ärger hinunterzuschlucken. Ich bat ein paar Freunde um Beispiele, und im Folgenden können Sie lesen, was sie dazu zu sagen haben:

* »Wenn sich jemand in einem Geschäft vordrängelt.«

* »Wenn mein Chef von mir verlangt, die Arbeit von drei Leuten zu verrichten, ohne mir mehr Geld oder die Ressourcen zu geben, die ich brauche, um die Aufgabe ordentlich zu erledigen.«

* »Wenn eine Freundin sich negativ über meine Kleidung äußert.«

* »Wenn mein halbwüchsiger Sohn unhöflich und respektlos ist.«

* »Wenn meine Frau über mich herfällt und über meinen Charakter schimpft, statt mir zu sagen, was ich tun muss, um sie zu unterstützen.«

* »Wenn mein Angestellter ein Projekt nicht zu Ende bringt, das ich ihm übertragen habe.«

✻ »Wenn meine Familienangehörigen mich wegen meiner Ehe aufziehen.«

✻ »Wenn ein Mitarbeiter hinter meinem Rücken über mich redet.«

✻ Wenn meine Mutter meinen Erziehungsstil kritisiert.«

Denken Sie über einen noch nicht lange zurückliegenden Vorfall nach, bei dem Ihnen bewusst war, dass Sie den Mund hätten aufmachen sollen, aber stattdessen Ihren Ärger hinuntergeschluckt haben. Was hätten Sie gern gesagt? Wie würden Sie jetzt, da Sie ein paar neue Strategien kennengelernt haben, mit der Situation umgehen?

Fassen Sie in diesem Monat den festen Entschluss, Ihren Ärger nicht länger hinunterzuschlucken. Beherzigen Sie die Anregungen in diesem Kapitel, um Ihre Stimme zu erheben und sich für Ihre Seele einzusetzen.

Notieren Sie sich in Ihrem Tagebuch oder Notizbuch diese Erfahrungen, sodass Sie Ihre Erfolge nachverfolgen können. Indem Sie sich klar und deutlich ausdrücken und sich die Liste Ihrer Erfolgserlebnisse regelmäßig ansehen, bietet sich Ihnen eine großartige Möglichkeit, Ihre Selbstachtung zu stärken.

Weiterführende Informationen

❋ *Growing Yourself Back Up: Understanding Emotional Regression*, von John Lee – ein hervorragendes Buch über emotionale Regression und wie Sie sich verhalten können, wenn man Sie in Rage versetzt, statt einfach nur zu reagieren.

❋ *Wohin mit meiner Wut? Neue Beziehungsmuster für Frauen*, von Harriet Lerner, Ph.D. – dieser Klassiker ist ein Muss für Männer und Frauen.

❋ *Selbstvertrauen gewinnen: Die Angst vor der Angst verlieren* (dt. Buchausgabe). *Feel the Fear and Do It Anyway: Dynamic Techniques for Turning Fear, Indecision, and Anger into Power, Action, and Love* (8-CD-Set), von Susan Jeffers, Ph.D. – hilft Ihnen, sich Ihren Ängsten zu stellen und Stärke zu entwickeln.

❋ *Richtig wütend. Vom Umgang mit einem explosiven Gefühl*, von John Lee mit Bill Stott – zeigt Ihnen, wie Wut so ungefährlich und vollständig ausgedrückt werden kann, dass es nicht zu Schmerz führt, sondern zu Stärke, einem Mehr an Energie, aufrichtigerer Kommunikation mit den Menschen, die wir wertschätzen, und Gelassenheit.

AUFWACHEN!

Viele von uns verlieren die Dinge aus den Augen, die uns wirklich glücklich machen. Unsere Interessen und Wünsche werden förmlich eingeschläfert, während wir unser Bestes geben, den Stress im täglichen Leben durchzustehen. Einer der großen Vorteile, den die Praxis der Extreme Self-Care bietet, ist, dass sie uns die Zeit, den Raum und die Energie ermöglicht, um uns den Dingen zu widmen, für die wir eine Leidenschaft hegen – die Träume oder Sehnsüchte, die uns im Laufe der Jahre abhandengekommen sind. Die Herausforderung liegt darin, herauszufinden, wo wir sie suchen sollen, wenn wir endlich unter unserem hektischen Leben hervorkommen. Und so ist es bei mir gelaufen. Lesen Sie!

Es war in der Zeit, in der mein Mann sehr krank war und ich besser für mich selbst sorgte, als ich eine meiner Leidenschaften an einem unerwarteten Ort zutage förderte: einem Kaufhaus. Eine Woche vor Weihnachten besorgten wir noch ein paar Dekorationen in letzter Minute. Als wir durch die Damenabteilung gingen, erblickte ich zufällig einen wundervoll gefertigten schwarz-weißen Hut aus Tweed, der mit einem breiten gefalteten Band über der Krempe und einer großen karierten Schleife verziert war. Hüte haben mich schon immer angezogen, vor allem klassische Designs, und dieser war außergewöhnlich elegant. Ich probierte ihn auf, und er passte perfekt. Ich verliebte mich sofort in ihn, bis ich den Preis sah – er kam mir unangemessen hoch vor. Also legte ich ihn wieder zurück, und Michael und ich erledigten unsere Einkäufe.

Während der Feiertage musste ich hin und wieder an den Hut denken. Ich erinnerte mich an das Design, wie sich der Stoff anfühlte, wie er auf meinem Kopf saß. Und immer wieder dachte ich: *Warum ist dieser Hut so wichtig?* Dann ließ ich es dabei bewenden. Direkt nach Neujahr wachte ich mit dem Gedanken an den Hut auf. Da ich an dem Morgen Zeit hatte, beschloss ich, noch einmal zu dem Kaufhaus zu fahren, um zu sehen, ob er vielleicht heruntergesetzt war. Wenn ich schon ständig an ihn denken musste, dann wäre ich es mir schuldig, ihn mir noch einmal anzusehen, fand ich. Und weg war ich.

Im Geschäft angekommen, sah ich mich ein wenig um, fand den Hut aber nirgendwo. Da ich sehr hartnäckig bin, wenn ich mir etwas in den Kopf gesetzt habe, sprach ich eine Angestellte an. Sie erinnerte sich, dass die Hüte woanders hingebracht worden waren. *Toll!*, dachte ich. *Vielleicht ist er ja da.* Sie wies mir den Weg, und ich eilte dorthin, aber auch da war der Hut nirgendwo zu sehen.

In einer letzten verzweifelten Anstrengung, meine innere Sehnsucht zu stillen, fragte ich eine andere Verkäuferin, ob sie irgendwelche Hüte gesehen habe. Sie sah mich mit großen braunen Augen an, lächelte, legte die Hände an den Kopf und fragte: »Großer Hut oder kleiner Hut?« Da ihr Englisch offensichtlich nicht so gut war, versuchte ich, ihr den Hut so gut es ging zu beschreiben. Sie bedeutete mir, ihr zu einem Lagerraum im hinteren Bereich des Gebäudes zu folgen. Während ich in der Hoffnung auf gute Nachricht ungeduldig vor der Tür des Lagerraums wartete, hörte ich sie immer wieder »Großer Hut, großer Hut, großer Hut« zu jemandem im Hintergrund sagen. Plötzlich wurde die Tür aufgerissen, und da stand diese goldige Frau mit einem Einkaufswagen voller Hüte. Und was lag unübersehbar obenauf? Mein schwarz-weißer Hut!

Ich ergriff den Hut, als wäre er aus Glas, dankte der Frau und begab mich wieder in den Verkaufsbereich. Ich warf einen Blick auf das Preisschild und stellte glücklich fest, dass der Hut jetzt 30 Prozent billiger war. Zufrieden bezahlte ich ihn und ging zu meinem Wagen. Ich legte meine Anschaffung auf dem Beifahrersitz ab und starrte sie ein paar Minuten lang an. Der Hut war zwar schön, aber nicht sonderlich atemberaubend, und ich fragte mich, was um alles in der Welt so verflucht unwiderstehlich an ihm war. Und in diesem Augenblick kam es mir: Dieser Hut versuchte, mir etwas zu sagen. Also fragte ich ihn. Ja, so seltsam es sich auch anhören mag, ich sah zu ihm hinüber und fragte laut: »Hey, Hut, was versuchst du mir zu sagen?«

Während ich auf eine Antwort wartete, füllten sich meine Augen mit Tränen. Eine Erinnerung schoss mir durch den Kopf: Ich war 18 Jahre alt und erschien in einem violetten Kleid mit passendem Hut und Mantel zur Arbeit. In jener Zeit in meinem Leben liebte ich Kleidung und stellte sehr gern Outfits mit den richtigen Accessoires zusammen. Als ich mir diese Zeit in die Erinnerung zurückrief, wurde mir etwas Wichtiges klar: Meine Suche galt nicht diesem Hut. Es ging darum, einen Teil von mir wiederzuerwecken, den ich vor langer Zeit in den Schlaf geschickt hatte. Der Hut war nur ein Symbol – ein Hinweis, um mich auf eine Spur zu bringen. Es ging darum, meine Liebe zu Farbe und Kunst in Form von Kleidung wieder aufleben zu lassen. Es ging darum, den Teil von mir zu ehren, dem es gefällt, sich wiederholt Mode- und Designshows anzusehen, der gern Bilder von klassischen Outfits aus Zeitschriften ausschneidet, um sie für eine Schatzkarte zu verwenden, und der davon träumt, wunderschöne Kleidungsstücke zu entwerfen.

Nun, wollte ich jetzt mit dem Bücherschreiben aufhören und Modedesignerin werden? Wohl kaum. Aber das war auch nicht der Punkt. Die ganze Erfahrung – der Augenblick, als ich den Hut das erste Mal erblickte, die vielen Gedanken, die ich

mir über ihn machte, die großen Anstrengungen, die ich unter-
nahm, um ihn in dem Geschäft wiederzufinden, und schließlich die Zeit, die ich mir nahm, um herausfinden, wofür er
stand – trieb mich dazu, etwas Wichtiges zu tun: Ich gab einem
verborgenen Teil von mir die Erlaubnis, aufzuwachen und gehört zu werden!

✄ ✄ ✄

Welche Teile von Ihnen lauern unter der Oberfläche? Fangen
Sie mit dem an, was Sie gern sehen, hören, berühren, schme-
cken oder riechen. Vielleicht versucht Ihr besonderes Interesse
für ätherische Öle Sie dahin zu führen, Ihre eigenen individuellen Mischungen zu kreieren. Ob Sie diese nun verkaufen
oder nicht, spielt keine Rolle – es ist das Interesse und der
Wunsch, die gewürdigt werden müssen. Oder vielleicht ruft
die Leidenschaft, die Sie dazu trieb, Veganer zu werden, Sie
dazu auf, den nächsten Schritt zu tun und anzufangen, Semi-
nare rund um diese neue Lifestyle-Entscheidung zu geben.

Wenn Sie diesen Teil von Ihnen zum Ausdruck bringen, bedeutet das nicht, dass Sie nun mit allem anderen aufhören und
Ihr Leben ausschließlich dieser einen Sache widmen müssen.
Vielleicht müssen Sie sich selbst einfach nur die Erlaubnis geben, einen Raum zu renovieren, sodass Sie Ihrem starken Interesse für Innendesign nachgehen können, oder in einem lokalen Tierasyl ehrenamtlich zu arbeiten, sodass Sie Zeit in einer
Umgebung verbringen können, die Ihre Tierliebe nährt.

Als ich damals mein Hut-Abenteuer mit meiner Onlinecommunity teilte, war ich beeindruckt von den Reaktionen.
Ich erhielt nicht nur unendlich viele Mails, sondern das Feedback ließ mich wissen, dass ich offensichtlich einen Nerv ge-

troffen hatte. Männer schrieben mir über ihre Modeleidenschaft und ihre Frustration darüber, sie nicht ungezwungen ausdrücken zu können. Frauen teilten mir ihre tiefe Traurigkeit darüber mit, aufgrund ihres hektischen Lebens ihre Träume opfern zu müssen.

Ein Communitymitglied erzählte mir, dass sie erkannte, dass eine Puppe, die sie auf der Kommode in ihrem Schlafzimmer aufbewahrte, eine Verbindung zum Nähen darstellte, einer heimlichen Passion von ihr, die sie vor langer Zeit aufgegeben hatte. Ein Herr bekannte, dass seine Leidenschaft für *American Idol* sein starkes Interesse fürs Liederschreiben widerspiegelte. Als ihm das klar wurde, begann er, wieder Musik zu machen, statt auf die kritische innere Stimme zu hören, die ihm sagte, er sei mit 52 Jahren zu alt.

Mein schwarz-weißer Hut stand für eine verborgene Passion für Fashion und Design. Was könnte ein Hinweis für Sie sein? Jetzt, da Sie sich schon so viel mit Ihrer Selbstfürsorge beschäftigt haben, sollte es Ihnen nicht allzu schwerfallen, auf etwas zu stoßen, das versucht, Ihre Aufmerksamkeit zu erregen – ein Bild, ein Symbol oder eine sich ständig wiederholende Erfahrung. Sobald Sie eine Leidenschaft aufgedeckt haben, die es wert ist, weiterverfolgt zu werden, werden Sie bereit sein, etwas zu unternehmen, um Ihrem Wunsch Leben einzuhauchen. Es ist Zeit, aufzuwachen!

Extreme-Self-Care-Herausforderung:
Entdecken Sie eine verborgene Leidenschaft

Wie sieht es also aus? Sind Sie bereit, herauszufinden, welche Träume oder Sehnsüchte in Ihnen darauf warten, zutage gefördert, wiederentdeckt oder wiedererweckt zu werden?

In diesem Monat möchte ich, dass Sie zweierlei tun:

1. Begeben Sie sich als Erstes auf eine kleine Schatzsuche. Halten Sie die Augen offen nach einem Symbol oder einem Gegenstand, der einen inneren Teil von Ihnen widerspiegelt, einen Teil, der sich danach sehnt, zum Ausdruck gebracht zu werden. Achten Sie darauf, wenn etwas in einem Fenster Ihre Aufmerksamkeit erregt, wenn ein Bild im Internet oder im Fernsehen Sie zu einem zweiten Blick veranlasst oder wenn ein Foto in einer Zeitschrift oder einem Katalog Ihnen zu Herzen geht. Vielleicht ist es ein Gegenstand, den Sie irgendwo zu Hause aufbewahren, der so nahe ist, dass Sie ihn nicht einmal bemerken, oder der Hinweis liegt irgendwo außer Sichtweite versteckt. Gehen Sie Ihre Schränke, Kisten im Keller oder Schubladen durch, in die Sie schon eine Weile nicht mehr geschaut haben.

Sobald Sie ein Bild oder Symbol gefunden haben, bringen Sie es in Ihr Leben. Wenn Sie nicht fündig geworden sind, suchen Sie im Internat nach einem Foto, das den Gegenstand, die Sache oder die Idee darstellt. Fragen Sie sich: »Wenn dieses Bild oder dieser Gegenstand sprechen könnte, was würde er mir dann sagen?« Schreiben Sie auf, was immer Ihnen in den Sinn kommt.

2. Sobald Sie den Teil von Ihnen, der bereit ist, wiederbelebt zu werden, ans Licht gebracht haben, **unternehmen Sie etwas, um ihn aufzuwecken.** Sobald ich beispielsweise begriff, was der schwarz-weiße Hut mir zu sagen versuchte, wusste ich, dass ich meine Leidenschaft nähren musste. Und das habe ich dafür getan:

❋ Ich rief meine Cousine Karen an, eine begabte Schneiderin, und bat sie, mir bei einem einfachen Projekt zu helfen – einem Bettbezug –, um mir die Grundlagen des Nähens anzueignen. Wir verabredeten uns, um gemeinsam in einen Stoffladen zu gehen, wo sie mich mit den verschiedenen Materialien, Stoffen, Werkzeugen und Zubehör vertraut machte.

❋ Jay Calderin, Mitglied meiner Onlinecommunity sowie versierter Modedesigner und Lehrer an der School of Fashion Design in Boston, lud mich ein, mit ihm zu Abend zu essen und über Möglichkeiten zu reden, meine »innere Fashionista« zu wecken. Ich kam auf sein Angebot zurück und genoss einen Rundgang durch das Designzentrum und ein großartiges Gespräch.

❋ Ich verbrachte einen Nachmittag damit, verschiedene Modezeitschriften durchzublättern und die Fotos auszuschneiden, die mir am besten gefielen.

❋ Ich gestaltete eine Schatzkarte mit diesen Lieblingsbildern zusammen mit inspirierenden Slogans, um mich selbst zu motivieren, diese Leidenschaft weiterzuverfolgen.

Verwenden Sie meine Liste als Inspiration, um drei Aktionen für diesen Monat zu bestimmen, die dazu dienen, Ihrem Traum nachzugehen. Wenn es sich bei Ihrem Bild um einen Baseball handelt, könnte es an der Zeit sein, Recherchen über Baseballvereine anzustellen. Wenn Sie immer nach wunderschönen Stiften und Papieren Ausschau zu halten scheinen, steckt vielleicht ein Autor in Ihnen, der ans Licht geholt werden muss. Wenn Sie sich nicht sicher sind, was zu tun ist, führen Sie mit Freunden oder Mitgliedern unserer Life Makeover Group ein Brainstorming durch, um viele Ideen zu sammeln. Sie können auch online gehen und in Foren oder Communitys nach Leuten suchen, die Ihr Interesse teilen.

Mit großer Wahrscheinlichkeit werden Sie eine angenehme Überraschung machen: Ihnen werden sich Türen öffnen, um Ihr Bemühen zu unterstützen, diesen verborgenen Teil von Ihnen wiederzuerwecken. Im Grunde geht es dabei darum, worauf Sie Ihre fokussierte Absicht richten. Sobald ich mich entschlossen hatte, meine Liebe zur Mode das Licht des Tages erblicken zu lassen, ergaben sich allerlei Möglichkeiten. Das wird bei Ihnen nicht anders sein. Wenn Sie Schritte unternehmen, um Ihre Seele zu würdigen, wird das Universum direkt hinter Ihnen stehen!

Weiterführende Informationen

* *Finding Your Passion* — mein preisgekröntes Audioprogramm stellt einen praktischen Plan dar, um Ihre Leidenschaft ans Licht zu bringen und auszudrücken.

* *The Gifted Adult: A Revolutionary Guide for Liberating Everyday Genius*, von Mary-Elaine Jacobsen, Psych.D. — zeigt begabten Erwachsenen, wie sie ihr außergewöhnliches Potenzial erkennen und freisetzen können.

* *Der Alchimist*, von Paulo Coelho — eine wunderbare Fabel darüber, seinen Träumen treu zu bleiben.

* *3 Tassen Tee. Wie aus Fremden Freunde wurden*, von Greg Mortenson und David Oliver Relin — ein Muss für jedermann. Dieses Buch veranschaulicht, wie man seine Leidenschaft einsetzen kann, um nachhaltige Veränderungen in der Welt zu bewirken.

* TED (**www.ted.com**) — eine meiner Lieblingswebsites, hier tauschen die größten Denker und Macher der Welt ihre Ideen aus.

IHR
EXTREME-
SELF-CARE-NOTFALLKIT

Jetzt, da Sie besser ausgerüstet sind, um die Kunst der Extreme Self-Care auszuüben, sollten Sie noch etwas Wichtiges wissen, bevor wir unsere gemeinsame Arbeit beenden: Wenn das Leben Ihnen eine Herausforderung, eine Krise oder eine unliebsame Überraschung liefert, ist die Wahrscheinlichkeit groß, dass Sie alles vergessen, was Sie aus diesem Buch gelernt haben.

Menschen, die Sie lieben, werden sterben. Sie können Ihren Arbeitsplatz verlieren. Bedingt durch einen Berufswechsel Ihres Partners sind Sie möglicherweise gezwungen, in eine andere Stadt zu ziehen. Eine überraschende ärztliche Diagnose kann Ihre Welt ins Schleudern geraten lassen. So läuft das Leben eben hier auf dem Planeten Erde. In solchen Zeiten haben wir die Praxis der Extreme Self-Care am nötigsten – wenn wir verängstigt sind, unsicher und verzweifelt einen Weg zurück in die Mitte suchen. Genau dann brauchen wir ein Extreme-Self-Care-Notfallkit.

Bei der Arbeit an diesem letzten Kapitel hatte ich die Gelegenheit, mein eigenes Notfallkit einzusetzen. Bei einer routinemäßigen Mammografie entdeckte mein Arzt einen Knoten in der rechten Brust und riet mir, um Krebs auszuschließen, zu einer Biopsie. Diese Nachricht war überraschend und beängstigend, und das Schlimmste daran war, drei Tage lang auf die Testergebnisse zu warten. Während dieser Warterei hatte ich das Gefühl, außer Kontrolle zu geraten, ich war besorgt und verängstigt. Nachts lag ich im Dunkeln da, versuchte verzweifelt, meine Sorgen zu beschwichtigen, um einschlafen zu können. Und wenn ich morgens aufwachte, war mir bange und übel, und ich war alles andere als geerdet – als würde ich im Weltraum schweben, getrennt von meinem Innersten.

Die Praxis der Extreme Self-Care sollte sich als meine Rettungsleine erweisen, Maßnahmen, die mich nicht nur die quälende Warterei durchstehen ließen, sondern mich auch besser auf alle Eventualitäten vorbereiteten. Glücklicherweise erhielt ich nach diesen drei Tagen einen Persilschein, und die Geduldsprobe machte mir das Geschenk, genau zu wissen, was ich tun musste, um in Krisenzeiten gut für mich selbst zu sorgen. Nun möchte ich Ihnen helfen, herauszufinden, was Sie brauchen.

Wenn Sie in tausend Ängsten schweben, ist es Zeit, dass Sie sanft und gütig mit sich umgehen. Sie müssen einen Weg finden, sich in einer sicheren und konstruktiven Weise aufrecht zu halten und gleichzeitig den Aufruhr und den Druck zu bewältigen. Extreme Self-Care in Zeiten großer Belastung bedeutet, sich solchen Aktivitäten hinzugeben, die es Ihnen erlauben, Ihre Gefühle zu würdigen, die Gefühle, die Sie mit Ihrer Mitte verbinden und mit etwas, was verlässlich ist und Sie schützt, wiedervereinen.

Ein Extreme-Self-Care-Notfallkit ist ein gut vorbereiteter Aktionsplan, der aufgestellt wird, *bevor* Sie von ihm Gebrauch machen müssen. Er umfasst Maßnahmen auf physischer, emotionaler und spiritueller Ebene, um Trost, Verbundenheit und ein Gefühl der Stabilität zu erfahren, während Sie die rauen Gewässer einer Krise durchfahren. Angesichts einer schweren Zeit ist es am wichtigsten, dass Sie so schnell wie möglich zu den Verhaltensweisen und Praktiken, die Extreme Self-Care reflektieren, zurückfinden, um Ihre Gesundheit und Kraft wiederherzustellen. Auf diese Weise setzen Sie Ihr bestes, einfallsreichstes Selbst auf die vorliegende Herausforderung an.

Stellen Sie Ihr Extreme-Self-Care-Kit zusammen

Das Extreme-Self-Care-Kit beinhaltet zehn Wege, gut für sich selbst zu sorgen, wenn Sie in höchstem Maße Unterstützung brauchen. Um Ihr Kit zusammenzustellen, machen Sie sich Gedanken über die folgenden Fragen:

1. An wen kann ich mich um Unterstützung wenden, wenn ich verängstigt und besorgt bin? Wer tröstet mich, gibt mir das Gefühl von Geborgenheit und lässt mich meine Gefühle haben?

2. Wem muss ich aus dem Weg gehen? Wer verstärkt meine Ängste, überschüttet mich mit Fragen, wem fällt es schwer, einfach nur zuzuhören, ohne mich zu unterbrechen oder mir Ratschläge zu geben?

3. Was braucht mein Körper, um sich genährt, stark und gesund zu fühlen?

4. Welche Aufgaben oder Verpflichtungen muss ich aufgeben, um mir den Raum zu schaffen, damit ich auf meine Gefühle achten und das Nötige unternehmen kann, um meine Bedürfnisse zu würdigen?

5. Welche nutzlosen Bewältigungsstrategien oder Aktivitäten muss ich umgehen?

6. Welche spirituellen Praktiken stellen meinen Glauben wieder her oder verbinden mich mit Gott oder einer – nach meinem Verständnis – höheren Macht?

7. Was brauche ich jetzt, um mich geborgen zu fühlen?

8. Wie werde ich am besten meine Gefühle zum Ausdruck bringen?

9. Welchen Gegenstand kann ich als Talisman verwenden, um mich daran zu erinnern, zu atmen, meinen Geist zu beruhigen und mein Gewahrsein wieder auf den gegenwärtigen Augenblick auszurichten?

10. Was kann ich tun, wenn ich Abstand oder eine Pause von der emotionalen Belastung brauche? Was ist meine beste gesunde Ablenkung?

Stellen Sie anhand der Antworten auf diese Fragen einen Aktionsplan auf, den Sie einsetzen können, wenn Sie vor einer großen Lebensherausforderung stehen.

☙ ☙ ☙

Lassen Sie uns nun drei verschiedene Beispiele für ein Extreme-Self-Care-Kit betrachten.

Das erste Beispiel stammt von Sarah. Und das sind ihre Antworten auf die oben aufgeführten Fragen.

1. *Ich muss meine beste Freundin Sandy anrufen und sie darüber informieren, was los ist, wenn ich mich von irgendetwas überwältigt fühle oder Angst habe.*

2. *Ich sollte nicht mit meinen Kollegen über die Situation*

reden, denn sie verstricken sich nur in das Drama meiner Probleme.

3. *Ich muss mich daran erinnern, viel Wasser zu trinken und meine Vitamine einzunehmen, etwas, was ich vergesse, wenn ich mich überfordert fühle. Ich möchte außerdem mindestens zweimal die Woche zum Yogakurs gehen, um zentriert zu bleiben.*

4. *Ich muss mit meinen Nachbarn vereinbaren, mir auszuhelfen, die Kinder zur Schule zu fahren und wieder abzuholen. Und ich muss mindestens einen Monat lang jede neue Bitte um meine Zeit abschlagen.*

5. *Ich muss aufhören, spätabends zu fernsehen, damit ich mich ausschlafen kann.*

6. *Ich muss mir die inspirierenden Playlisten, die ich auf meinem iPod zusammengestellt habe, anhören.*

7. *Ich muss einen Termin für eine Massage ausmachen, die mir hilft, mich zu entspannen und mich genährt zu fühlen.*

8. *Ich werde in mein Tagebuch schreiben, wie ich über das, was los ist, denke.*

9. *Ich werde meinen Lieblingsstein tragen, den ich vor Jahren an einem Strand gefunden habe. Er ist herzförmig und gibt mir immer das Gefühl, als würde jemand über mich wachen.*

10. *Um mich von der Belastung abzulenken, muss ich regel-
     mäßig Pausen machen, in denen ich mit meinem Hund
     Winston spiele.*

Als Nächste ist Paula an der Reihe. Paula schrieb nicht nur ihre
Liste, sondern fertigte davon auch noch drei laminierte Karten
an. Eine legte sie in ihr Tagebuch, eine gab sie ihrer besten
Freundin und die dritte deponierte sie mit anderen Notfall-
informationen in der Küche. Und hier ist ihr Extreme-Self-
Care-Plan:

1. *Meine Schwester Margaret ist meine beste Wahl, wenn es
    um Unterstützung geht.*

2. *Ich muss Gespräche mit meiner Mutter vermeiden, denn
    sie macht sich immer Sorgen, wenn mich irgendetwas
    mitnimmt.*

3. *Ich muss mich gut ernähren, darum plane ich, vorgekoch-
    tes Essen von meinem Bioladen zu beziehen.*

4. *Ich werde meinen Terminkalender durchgehen und alles
    streichen, was sich nicht wie ein absolutes Ja anfühlt.*

5. *Ich muss aufpassen, dass ich es nicht übertreibe, indem ich
    zu viel Zucker zu mir nehme.*

6. *Ich will mindestens 20 Minuten täglich meditieren.*

7. *Ich muss mir die Erlaubnis geben, in meinen bequemen
    Klamotten zu arbeiten.*

8. *Ich muss mit verlässlichen Leuten darüber reden, wie ich mich fühle – ich werde mich mit Sicherheit täglich mit meiner Schwester in Verbindung setzen.*

9. *Ich werde meine Mala (Gebetsperlen) immer dabeihaben, um mich, wenn ich mir Sorgen mache, zu beruhigen.*

10. *Meine beste gesunde Ablenkung ist, mir meine Lieblingsfilme auf Netflix anzuschauen.*

Und Heidi schließlich schlug einen völlig neuen Kurs ein. Nachdem sie ihre Liste zu Ende geschrieben hatte, suchte sie sich Fotos, die die einzelnen Einträge bildlich darstellten. Diese fügte sie dann am Computer zu einer Collage zusammen, die ihr als Hintergrundbild auf dem Desktop diente, wann immer sie in Schwierigkeiten war. Außerdem druckte sie die Collage aus, um sie immer bei sich zu haben. Hier ihre Antworten:

1. *Ich bleibe mit meiner Mutter in Kontakt – sie ist eine gute Freundin.*

2. *Ich muss meiner Mitbewohnerin Grenzen setzen, damit sie sich aus meinen Angelegenheiten heraushält.*

3. *Ich werde mit der Natur verbunden bleiben und dafür sorgen, dass ich genug Sonnenlicht bekomme, indem ich im nahe gelegenen Park einen Lauf mache oder spazieren gehe, wann immer ich die Möglichkeit dazu habe.*

4. *Ich muss aufhören, zusätzliche Projekte auf der Arbeit zu übernehmen.*

5. *Ich muss meine tägliche Koffeinmenge einschränken, damit ich meine Unruhe nicht noch verstärke.*

6. *Ich werde in der Woche häufiger an den 12-Schritte-Treffen teilnehmen.*

7. *Mit meiner Katze Roxy werde ich Nickerchen in der Sonne machen und nachts meine Heizdecke benutzen, um mein Bett zu wärmen.*

8. *Ich werde bei meinen 12-Schritte-Treffen mehr über meine Gefühle reden.*

9. *Mein Talisman ist das Foto meines verstorbenen Vaters, das ich in einem Medaillon aufbewahre. Ich werde es tragen, um das Gefühl zu haben, dass er bei mir ist.*

10. *Ich gewinne Abstand von der Belastung, indem ich Perlenschmuck mache — etwas, was mir sehr viel Freude bereitet.*

Wie Sie sehen, hat jeder seine eigenen Strategien, gut für sich selbst zu sorgen, wenn er unter Druck steht. Lassen Sie uns sehen, was Sie tun können …

Extreme-Self-Care-Herausforderung:
Stellen Sie Ihr eigenes Kit zusammen

Jetzt ist es Zeit für Ihr eigenes Notfallkit.

❈ Stellen Sie sich die Fragen, die ab Seite 191 aufgeführt sind, und schreiben Sie zehn Maßnahmen der Extreme Self-Care auf, die Sie ergreifen können, wenn Sie eine harte Zeit durchmachen.

❈ Denken Sie dann darüber nach, wo Sie diese Liste aufbewahren, damit Sie sie bei Bedarf leicht wiederfinden.

   Vielleicht möchten Sie Paulas Rat beherzigen und Ihrer wichtigsten Unterstützungsperson eine Kopie geben – auf diese Weise steht Ihnen jemand zur Verfügung, der eingreifen und Ihnen helfen kann, den Plan umzusetzen, falls Sie dazu selbst nicht imstande sein sollten.

❈ Bewahren Sie diese Liste als Datei auf Ihrem Computer auf und legen Sie mindestens alle sechs Monate einen Termin in Ihrem Kalender fest, um daran erinnert zu werden, die Liste zu überprüfen und zu aktualisieren.

❈ Und zum Abschluss: Glauben Sie mir, wenn ich sage, dass Extreme Self-Care die perfekte Verordnung ist, wenn es darum geht, Lebensherausforderungen zu bewältigen.

Weiterführende Informationen

✻ *Dem Leben neu vertrauen. Den Sinn des Trauerns durch die fünf Stadien des Verlustes finden*, von Elisabeth Kübler-Ross und David Kessler – ein hervorragendes Buch, das hilft, den Trauerprozess zu bewältigen.

✻ Al-Anon Alateen – Selbsthilfegruppen für Angehörige und Freunde von Alkoholikern (**www.al-anon.de**) – eine großartige Organisation für Angehörige und nahestehende Personen von Alkoholikern.

✻ Anonyme Alkoholiker (**www.anonyme-alkoholiker.de**) – für die Frauen und Männer, die Unterstützung suchen, um mit dem Trinken aufzuhören.

✻ Befrienders Worldwide (**www.befrienders.org/deutsch**) – diese internationale Website stellt Menschen Hilfe zur Verfügung, die selbstmordgefährdet und/oder in andere lebensbedrohliche Krisen geraten sind.

DANKSAGUNG

Mit großem Vergnügen und tiefer Dankbarkeit würdige ich die Menschen, die einen Unterschied in meinem Leben bewirken und daher auch im Leben derjenigen, die mit meiner Arbeit in Berührung kommen.

Als Erstes möchte ich Wanda Stevens dafür danken, mich in zwei der schwierigsten Jahre meines Lebens bei Verstand gehalten zu haben. Deine Liebe und Unterstützung haben bei mir und meiner Familie enorm viel ausgemacht, und deine Weisheit findet sich durchgehend auf diesen Seiten wieder. Ich möchte auch dir, Kerri Richardson, danken, einem Coach, der weiser ist, als er an Jahren zählt, für deine Liebe, unerschütterliche Unterstützung, kreative Mitarbeit und Freundschaft. Ich schätze mich glücklich, eine Schwester wie dich zu haben.

Meine persönliche Lektorin Marilyn Abraham bleibt die beste Geburtshelfern, die ein Autor haben kann. Ich liebe dich, M. Mein Dank gilt auch Fran Massey dafür, »mich vor mir selbst gerettet zu haben«. Ich schätze dein Feedback ungemein. Und schließlich danke ich Shannon Littrell, meiner begabten Hay-House-Lektorin für ihre Professionalität, ihr scharfes Auge und ihr Feingefühl für meine Worte.

Ich habe viel Glück, gute Leute um mich zu haben, die sich um mich und um mein Unternehmen kümmern. Chris Barnes, ein lieber Freund, ist mein zuverlässiger virtueller Assistent. Ich danke dir für deine Integrität und Warmherzigkeit und für die wunderbare Weise, wie du unsere Community unterstützt. Ich danke Holly Catalina, unserer E-Commerce-Koordinatorin, die sich um unseren Onlineshop kümmert. Deine Freundlichkeit und dein Einfühlungsvermögen sind deine größten Gaben. Ich danke Kelly O'Brien und Terry Nolan, die unsere Website pflegen und dafür sorgen, dass alles reibungslos läuft. Robin Gillette ist mein Finanzexperte und einer der liebenswürdigsten Menschen, die ich kenne. Du bewirkst so viel in meinem Leben, ich danke dir.

Ein großes Dankeschön geht an mein Literaturteam: Amanda Urban, die beste Agentin der Welt, und die ganze Belegschaft von ICM. Meine große Dankbarkeit gilt den wunderbaren Menschen bei Hay House: Louise L. Hay, Reid Tracy, Christy Salinas, Jill Kramer, Melissa Brinkerhoff und all den anderen, die dazu beitragen, dass es eine Freude ist, mit Hay House zu arbeiten. Ich möchte mich speziell bei Nancy Levin, meiner lieben Freundin und Eventmanager bei Hay House, bedanken. Du bist einzigartig begabt darin, für andere zu sorgen, und ich liebe dich, Nanny. Und schließlich geht mein Dank an mein lustiges und fabelhaftes Radioteam: Summer McStravick, Diane Ray, Sonny Salinas, Steve Morris, Kyle Thompson, Joe Bartlett, Emily Manning und Mitch Wilson.

Meine tiefste Dankbarkeit gilt meinem Freund und Anwalt Mark Lawless, der immer da ist, um die Stellung zu halten, wenn ich loslasse. Danke für das viele Lachen und die wertvollen Ratschläge. Und ich danke Barry Coscia für seine Finanzberatung und sein Feingefühl.

Ich danke Ania O'Connor und Annie Twiss, die sich um meinen Körper kümmern, wenn ich schreibe, und Deb LaChance, die zu Hause für Ordnung und Gemütlichkeit sorgt.

Und ein herzliches Dankeschön gilt Tim Ford, Mark Hovey und Jake Long, die bis zum Schluss halfen, unser Traumhaus (und meinen neuen Rückzugsort zum Schreiben) zu verwirklichen. Ich preise euch jeden Tag.

Ich danke meinen lieben Freundinnen Nanna Aida Svendson, Pat Adler, Helen Gitkind, Ro Gordon, Kelly O'Brien, Connie Kelley und Deirdre DiDonna – ich weiß gar nicht, wie ich ohne eure bedingungslose Liebe und Unterstützung auskommen sollte. Mein Dank gilt meinen Eltern John und Ann Richardson, die mir mehr Geschenke gemacht haben, als ihnen jemals klar sein wird – Geschenke, die sich durch alle Seiten dieses Buches hindurchziehen. Und meinen liebevollen Schwiegereltern Curt und Pat Gerrish, ich bin über alle Maßen glücklich, dass ihr in meinem Leben seid.

Es ist eine Sache, ein Buch zu schreiben mit der Hoffnung, dass es das Leben von Menschen zum Besseren verändern wird, und eine andere, Menschen in den entferntesten Ecken der Welt zu erreichen. Ich bleibe Oprah Winfrey in tiefer Dankbarkeit dafür verbunden, mir ein Medium zur Verfügung zu stellen, um meine Botschaft zu verbreiten.

Mein Respekt und meine Dankbarkeit gelten den Mitgliedern meiner Onlinecommunity, die mich im Laufe der Jahre immer unterstützt haben. Ich danke euch für eure E-Mails und Gebete, euren wertvollen Input, euer Feedback, die aufrichtigen Geschichten darüber, wie ihr Herausforderungen in eurem Leben begegnet seid. Ich lerne so viel von jedem Einzelnen von euch, und euer Streben nach Bewusstheit inspiriert mich.

Bruce Kohl, Bob und Melissa Olson und Melissa Silk haben mir beigestanden, als ich es am meisten nötig hatte (und mich auch oft zum Lachen gebracht, was ebenfalls dringend nötig war). Ich danke euch für eure geschätzte Freundschaft. Und

meiner besten Freundin Max Dilley, die verlangt, dass ich mich
der Welt voll und ganz zeige. Ich kann mir mein Leben ohne
dich nicht vorstellen, BH.

Mein Kater Poupon hat mir die Augen geöffnet auf eine Art
und Weise, die ich mir nie hätte vorstellen können. Seine wunderschöne Energie ist in diesen Seiten enthalten. Ich danke dir,
mein als Kater getarnter Engel.

Michael, mein Mann, mein Geliebter – so herausfordernd
diese letzten zwei Jahre auch gewesen sein mögen, ich hätte
die Reise mit dir gegen nichts in der Welt tauschen wollen. Ich
danke dir für deine Liebe, deine Freundschaft, deine redakti-
onelle Beratung und, was am wichtigsten ist, deine tiefe Hingabe an die Entwicklung deiner Seele. Du bist und wirst immer
mein Ein und Alles sein.

Und schließlich, was am allerwichtigsten ist, danke ich Gott
– der Göttlichen Kraft, die mein Leben lenkt.

ÜBER DIE AUTORIN

Cheryl Richardson ist die Autorin der »New York Times«-Bestseller »Take Time for Your Life«, »Life Makeovers«, »Stand Up for Your Life« und »The Unmistakable Touch of Grace«. Sie leitet eine große Webcommunity auf www.cheryl-richardson.com, deren Anliegen es ist, Menschen auf der ganzen Welt dabei zu helfen, die Qualität ihres Lebens zu verbessern. Ihre neueste Publikation, »Ist das Leben nicht wunderbar!«, ist eine Zusammenarbeit mit der internationalen Bestseller-Autorin Louise L. Hay. Cheryl reist regelmäßig nach Großbritannien, wo sie coacht und Workshops hält.

www.cherylrichardson.com